上司のための　人を活かす

改訂4版

人事考課ハンドブック

楠田丘〔監修〕　野原茂〔著〕

監修のことば

楠田　丘

1　昭和五〇年以降、わが国の人事処遇制度は全般的に能力主義を指向している。この場合、その能力主義人事は職能資格制度を基準としている。すでに大企業・中堅企業を中心に多くの企業で職能資格制度が導入され、今日に至っている。

ところで、この職能資格制度の能力主義としての成否の鍵を握るものはいうまでもなく人事考課である。人事考課がうまくいくかいかないかが、職能資格制度の命運を握っているといっても過言ではあるまい。

2　年功人事のもとにおいては、相対考課であっても通用する。なぜならば、能力そのものの絶対的高さは勤続年数、学歴および性別によって把握されるからである。したがって同一学歴、同一性、同一年次の中における処遇上の格差づけを行うことに主として人事考課はねらいがある。したがって、一定のグループの中で誰が一番よいか、誰が劣っているかといった比較論としての相対考課で事足りるわけである。

しかしながら、能力主義人事としての職能資格制度を成立させていく場合の人事考課は、絶対考課でなければならない。職能資格制度を導入しても、人事考課が従来どおりの相対考課である限りにおいては、その運用は不安定なものとならざるを得ない。職能資格制度を導入し、整備し、組織の中に定着させていくためには、人事考課を絶対考課に仕上げていくことが不可欠の要件となる。その理由は次の三つである。

イ　まず職能資格制度は職務遂行能力の絶対的なレベルによる企業の中のステイタスグレードとしての性格をもつ。したがって、相対考課ではなく、能力の絶対的な水準を把握する人事考課でなければ、正しく各人を格付けし、昇格運用することはできない。

ロ　また、職能資格制度を軸とした能力主義人事は、これをベースとして評価、育成、処遇が連動して行われる。いわばトータルシステムの方向である。職能資格制度における等級基準、つまり職種別、熟練度別職能要件に照らして各人の能力や仕事の現状が把握され、評価され、分析され、そしてその結果が各人にフィードバックされて等級基準に向かって育成が行われる。

このようなトータルシステムとしての、いわば職能開発主義を展開していこうとするならば、人事考課は等級基準に照らし、各人の能力なり仕事ぶりをとらえる絶対考課でなければ意味がない。相対考課では意義が乏しい。

ハ　さらに能力主義は個の尊重をベースとしなければならないが、人事考課も、したがって一人ひとりをみつめ、ただ良い悪いではなく、当人のどこが優れ、どこが劣っているかを把握分析する人事考課でなければならない。

以上からして、能力主義人事制度のもとにおける人事考課は、絶対考課でなければならない。絶対考課を確立することが、まさに能力主義人事制度確立の前提となる。

3　ところで相対考課の運用はきわめてやさしい。なぜならば、基準を必要としないからである。要するに、一定の集団の中において、誰が良い、誰が悪いといった比較をすればよいからである。例えば、二台の車が並んで走っている場合、どちらが速いか遅いかを見分けるのはやさしい。

しかし、絶対的に時速何キロで走っているかをとらえることは、きわめてむずかしい。このように相対考課はきわめてやさしく、基準もつくらなければ、考課者訓練も必要としない。これに対して絶対考課は決して生やさしいものではない。

まず、絶対考課においては考課基準を必要とする。どのようにして考課基準をつくり、考課者の頭の中にそれを明確に浮き彫りとさせていくか。第二は先述のように、絶対考課はただ良し悪しではなく、一人ひとりをみつめ、その能力なり仕事ぶりを細かくとらえ分析する必要がある。第三に、絶対考課においては人材をみる目が必要であり、その人材を今後どのような方向で育成していこうとするのか、その方向に照らして人事考課の結果を細かく部下の能力開発にフィードバックしていかねばならない。フィードバックに耐えうるような人事考課を上司が確信をもって行わない限り、絶対考課は成立しない。

このように絶対考課は決して生やさしいものではない。職能資格制度の一つの問題点は、人事考課をいかに絶対考課に切り換え、これを確立定着させていくかが鍵となる。

4　ところで、いかに優れた車でも、ドライバーがだめなら、そのマシーン・メカニズムは十分な機能を発揮することはできない。人事制度についても、全く同様である。人事考課をはじめ、すべての制度がいかに優れていても、その運用がだめなら、制度自体も有効な効果を発揮することはできない。制度の要諦はまさに運用にあるといってよい。

人事考課にしてもまさにこれからの最大の課題はいかに現場において、この人事考課を公正に運用していくかである。そして、その人事考課の運用の中心をなすものは、いうまでもなく現場の考課者つまり部下をもつ上司なのである。

5　絶対考課においては、考課基準の設定と明確化が条件となるが、人事考課における考課基準は企業が期待する能力像や仕事像に他ならない。それは全社的、原則的、標準的なものとしては職種別等級別職能要件、つまり等級基準として示される。

しかしながら、この職能資格制度における等級基準は、あくまでも原則的、標準的な期待像でしかあり得ない。同じ職種、同じ等級でも、その時、その所、その人によって期待像は変化することとなる。

そこで、そのつど上司と部下との間で面接を通じ、期待像を最適な形で編成し、上司と部下との間で確認していくことが条件となる。全社的な標準的期待像が等級基準であるのに対し、現場の上司と部下との間でそのつど設定され、確認されるものがいわば職務基準である。この職務基準が不確定である限り、成績考課は成立をしない。成績考課が成立をしない限り、それをフィードバックして育成に結びつけることもできないし、また、この成績考課を具体的事実として、年一回詳細な能力の分析を行う能力考課もあいまいなものとなる。

まさに部下をもつ上司が日常いかに面接制度を確実に実施し、職務基準を最適な形で編成、設定していくかが、絶対考課の鍵を握る。また、その職務基準を考課基準として成績考課を行う場合の仕組みについても、また価値基準についても統一、理解されていることが必要となる。

6 そこで、能力主義人事、ひいては人事考課制度を有効ならしめていくためには、部下をもつ上司つまり管理・監督指導者が、人事考課の理念なり理論なりさらには制度さらには具体的評価上の仕組みについて完全に理解しておくことが前提となる。

そのためには、考課者訓練が定期的に実施されることが望まれる。考課者訓練こそが今後の能力主義人事を成立させていくうえでのポイントとなろう。しかしながら、考課者訓練は時間的にも制約されざるを得ない。年一回か二回行われる考課者訓練のみで、現場の上司が完全に人事考課のすべてを理解しつくすことはむずかしい。あらかじめ考課者訓練の前においても、また考課者訓練の後においても、適切な書物によって自己啓発がたえず心がけられることが必要であろう。

7 つまり、部下をもつ上司のための解説書が必要なのであろう。従来、人事考課に関する本は数多くある。しかし、それは大部分の場合は人事当局の制度設計のために書かれているものが多い。それはやや専門的であり、用語などもむずかしい。もちろん、現場の管理・監督指導者がそれらの専門書を十分読み上げることが望ましいことはいうまでもないが、常日頃、人事問題に接触していない人たちがこのような専門書を読んでもなかなかなじみにくい面をもつ。ここに本書のねらいがある。

この本の監修および論述においては絶対考課の諸々の要件をできるだけ平たく、かつ実際に部下をもつ考課者の立場に立つことに意図が置かれている。この本がその方向で大いに役立つことを期待するものである。

まえがき

人事考課に関する、優れた専門書や解説書は、数多く出版されているとはいうものの、それはどちらかといえば、人事業務に携わる人たちを対象に書かれたものが多く、また、たまたま、現場の管理監督者向きのものがあっても、表現が固かったりして、もう一つ、気軽になじめそうもないフシが見受けられます。

人事考課において、いちばん重要な役割を果たす人たちはだれかということになると、それは人事担当部門の部長さん、課長さん、係長さんでもなければ担当者でもない。実際に工場で生産を担当したり、営業活動に従事している職場の部長さん、課長さん、係長さん、主任さん、班長さんを真っ先にあげなければならないかと思います。

人事考課の運用のカギを握っているのは、人事担当部門の人たちではなく、それぞれの部門や、職場で部下の考課に当たっている考課者、すなわち管理監督者その人です。

どこに出しても、はずかしくないだけのシステムとしてのかたちが整えられていたとしても、実際に企業や組織の中で、考課に当たる人たちが、人事考課について正しく認識し、正しく考課することをしなければ、とてもわが社の人事考課は優れたものとはいえません。

人事考課が正しく行われない場合、いちばん困るのは管理監督者自身です。それによって、部下のやる気を喪失せしめたり、職場の人間関係をまずくし、生産性を低下させたりするからです。

さらにそれによって、最も被害をこうむるのは、その企業であり組織です。

そして、最も不幸な思いをするのは、管理監督者と一緒に仕事をしている部下たちです。それは、この人たちから、〝やりがい〟〝生きがい〟を奪い去ってしまうからです。

もちろん、そうあってはならないし、またそうならないようにするため、みなさん一生懸命努力し、慎重に考課に取り組んでいることとは思いますが、その一方では、人事考課を実施する時期になると頭を痛めたり、めいった気持ちになる管理監督者が、かなりいることも事実のようです。

そこで、第一線の管理監督者の方々が、自信をもって考課に臨めるよう、また、そのためのフォローに努力されているスタッフの方のお手伝いができればという思いをこめて、本書を執筆することにしました。

本書の内容は、各企業の考課者訓練のお手伝いをするかたわら、各企業の人事考課の実、態の中から、把握した問題点を整理し、それを解決するいくつかの糸口になるようにとりまとめました。

本書によって、管理監督者の方々のそして人事スタッフの肩の荷が少しでも軽くなればと念じております。

次に本書をよりよくご理解いただくため、本書をとりまとめるに当たって心がけたこと、および本書の活用方法について、念のためにしたためておきます。

本書をまとめるに当たって心がけたこと

① 人事考課と、日常のマネジメント活動を極力関連づけて説明するようにしました。日常の部下管理と人事考課との関連、人事考課により積極的に取り組むことが、日常の部下管理にどのような効果をもたらすかなどについて、強調することに力点を置きました。

② 人事考課の仕組みやルールについて、理解しやすいように言葉や表現方法を選びました。通勤の乗物の中や、会社の休憩時間に、気軽に読んでいただけるよう努力したつもりです。

本書の活用法について

① ハンドブック、またはマニュアルとして活用していただけるようになっています。

本書をお読みいただく過程で、〝わが社の場合は、こういうことも必要だ〟、〝わが社の場合は、これをつけ加えておいたほうがよい〟といったものがありましたら、どうかそれを空白や空欄に記入しておいてください。

② 管理監督者訓練や、考課者訓練のテキスト、サブ・テキスト、参考書としても十分に活用していただけるように工夫しました。

拙著、「人材評価着眼点シート」（経営書院刊）と併読していただくとなお効果的です。

本書が、人事考課にかかわる方々に少しでもお役に立てば、こんな喜ばしいことはありません。

なお、本書は楠田理論をベースに著者の考えをまとめたものです。前著に引き続き恩師楠田　丘先生には監修をお願いしました。深甚の意を表する次第です。

野　原　　茂

目　次

第3章 人事考課の仕組み—絶対考課とその要件—……83

第4章 人事考課の実際

第6章　考課者に求められる条件

第1章

時代とともに人事考課も変わる

大方の人の人事考課に対するイメージは査定にありますが、頑張った人もそうでない人も処遇が同じでは不公平なのでこれも大切なことです。しかし本来の人事考課はもっと崇高なもので、それは人を育てる評価の機能です。

人事考課に対する認識も、時代とともに変化しています。この章では、その点についてどう変わったかについてみることにします。

1　従来の人事考課にみられる特徴

今日的人事考課について考える前に、従来の人事考課が、どのように行われてきたかについて、一緒に考えてみたいと思います。

(1)　**結果良ければすべて良し**——結果重視型人事考課

まず、従来の人事考課の一つの特徴として、〝結果〟だけをとらえて、それを良しとするか、しないかを評価してきたことがあげられます。つまり、彼は人一倍がんばって良い成績を上げたから優秀であるとか、今年も勤務態度が悪く、仕事も投げやり的であったからだめといったふうに、結果良ければ問題なし、悪ければ問題ありと、結果だけをとらえて評価するところにあったのではないでしょうか。

いや、むしろ現在においても、この結果だけをとらえて評価する方法は、依然として行われているケースが意外と多いのです。

このような評価の仕方にも、考えようによっては、一理があるとはいうものの、結果良ければすべて良しとする考え方には、もうひとつ釈然としない面があることも事実です。

(2)　順位づけすることがねらい――差別偏重型人事考課

人事考課といえば、昇給や賞与の査定をするために行うものといった印象をもつ人は、案外多いのではないでしょうか。これは全くそのとおりで、従来の人事考課は、査定するための手段として、その期待に十分応えてきました。

ところで査定するということは、だれがいちばん高い昇給に該当するか、次、三番目は――という具合に、どうしても大相撲の番付のように、順位をつけなければならないということになります。また順位をつけるためには、当然そこに「差」をつけないと順位を決定づけることはできません。したがって査定のための人事考課は、いかに「差」をつけるかにおかれていたのです。

さてその「差」のつけかたですが、そのほとんどが一つの枠組（一つの母集団）の中での人物比較で行われたというのが実態で、今年の昇給額はいくらずつとするか（源資の割り振り）、何人を昇格させるか、そのために何人を現在のままに据え置くかなどについて、その枠組全体の中で、一人ひとりを比較していくやり方で、順位づけをしてきました。つまり、そう大差のない、同じレベルとみてよい部下同士であっても、あえて「差」をつけようとした、またつけざるをえなかったのが、これまでの人事考課ではなかったでしょうか。

一般的に考えて、一〇〇人がそこに働いていると想定した場合、厳密には、一〇〇人が一〇〇人とも皆同じというわけではありません。能力的に優れた人、そうでない人、仕事がてきぱきやれる人とそうでない人がいても、決して不思議ではなく、むしろそれが現実であり、一〇〇人が全く同じレベルであること自体が考えられないことなのです。

そのようなことから、個人には「差」があって当たり前で、「差」をつけることがどうしていけないのだという論法も、うなずけないことではありません。

しかし、問題は、一体何をもって「差」をつけるかです。

例えば、全員が同じ仕事を、全く同一条件の下で行うのなら、一人ひとりの能力差や、仕事の質・量について、だれが優れているかを把握することもできるでしょう。しかし、企業の中で、そのような条件下で仕事をしているケースは全くまれで、それを見いだすことはほとんど不可能とさえいえるのです。

同じ職場で、同じ仕事を、同じように机を並べてやっている課が二つあった場合、この二つの職場を同一条件の下で仕事をやっているとみるのは間違いです。なぜならば、仕事をしている物理的な環境や、仕事そのものは同一条件かもしれませんが、課長さんや係長さんが違えば、二つの職場は同一条件の下で仕事をしているというわけにはいきません。課長さん、係長さんは、それぞれの方針をもって仕事に臨んでいるでしょうし、仕事に対する指示の仕方にも、それぞれのやり方があるでしょう。また職場の構成メンバーも、一人ひとり性格が違うでしょうから、課内の人間関係も同一視することはできません。つまり同じ仕事をやっていても、同じ条件とはいい難いのです。同質とみなしての集団主義、画一的管理から、異質と考えての個性主義、多元的管理が求められます。

このように、それぞれの職場単位にみて、全く違った条件や状況下で仕事が行われている中で、一体何を根拠において「差」をつけていくかということに苦慮しなければならなかったのが、従来の人事考課ではなかったかと思います。

(3) 主観やイメージによる評価――主観・イメージ型人事考課

人はものをみて価値判断を下す場合、自分なりの判断基準や固定観念に当てはめてみる傾向があります。これを一般にステレオタイプといっていますが、要するに〝坊主憎けりゃ、袈裟まで憎い〟の例えの類です。

これまで述べましたように「差」をつけるための人事考課の場合、そこにこれという絶対的な基準がなければ、結局、考課する人の考え方の基準に待つしか方法がなく、よってその場合の考課基準として、考課する人の主観またはイメージに左右される人事考課にならざるを得ませんでした。

話はちょっと脇道にそれますが、私自身、考課者訓練のために、各企業を訪問する機会がありますが、(考課者訓練については、また後ほど触れます)この考課者訓練というのは、人事考課を行っていくうえで、考課者に期待し求められるスキルのレベルアップをねらったものですが、その中で、考課の対象となる一人のモデル(人物)について、参加者に評価してもらうという演習をやります。そのときいつも思うことは、同一モデルの同一行動をとらえて、実にさまざまな意見があるものだということです。しかも一つの企業の中においてそうなのです。ある管理者は、彼のあの行動は無責任だという判断を下す、その同じ行動に対して、いや一見無責任のように見えるけれども、それは彼の自信の現われであって、それゆえの言動だ。オレは無責任とは思わない、といった考え方の相違というか、意見がくい違うことがしばしばです。

まあ意見が活発に出ることは結構なことかも知れませんが、裏返してみれは、いかに従来の人事考課が、考課する人の主観――判断基準や固定観念に左右されてきたかがよく分かります。

これも実際によく聞く話ですが、今まで一緒に仕事をしてきた課長さんの下では、ずっといい評価をしてもらってきたのが、課長さんが変わったとたんに、ガクンと評価が悪くなってしまった。課長さんか変わったとたん、天国から地獄へまっ逆さま、といった類の悲話はたくさん耳にしました。

各社の考課表には、〝勤務態度は真面目であったか〟とか、〝責任感をもって最後までやったか〟といった項目が並び、それに対して、〝よくやった〟とか、〝まずまずであった〟とかの評語が設けられ、それにチェックするよう構成されていますが、これをチェックするに当たり、何をもって真面目とするのか、責任感がありとするのか、考課する人の考えに委ねられていた、また委ねざるをえなかったというのが、従来の人事考課であったということです。

そのような人事考課が良いか悪いかは別として、それが今後もずっと続けて行われる限り、考課者である上司が替わらない限り、日の当たるところへ浮かび出ることはできない、といった人事考課哀史を断ち切ることはできないような気がしてなりません。

人事考課が、上司の考え方や好き嫌いに影響されるといった次元の問題であっては困ります。

(4) 〝褒美をとらせるぞ〟式の評価——アメ・ムチ型人事考課

同じ枠組の中で、しかも上司の主観やイメージに左右される形で考課が行われるということになると、部下はどうしても上司のほうをうかがいながら、上司の気に入るように仕事をしようとする習性を身につけるようになります。

上司の主観やイメージからすると、どうしても上司が気に入るようなことを、気に入るような方法で、気に入るだけやったことに対する評価が高くなることは避けられません。その場合、評価のポイントは上司の気に入るような行動をしたか、仕事のやり方をしたか、気に入るだけこなしたかにおかれることになります。そしてそれに対して、〝褒美をとらせる〟という考課が行われるようになります。まさに〝アメ・ムチ型人事考課〟というわけです。

部下は、上司が〝こうせよ〟と言えば、言われたとおりにするよう努力し、〝これだけやれ〟と言われれば、人の足を引っ張ってでも、それだけのことを（いや、むしろそれにプラス・アルファーをして）やろうとして、血まなこになることもあるのです。

結果だけを見て、順位や格差をつける考課では、知らず知らずのうちに、組織を格差と競争の軍団に仕立て上げ、さらにその競争手段が、目的達成のみに向けられ、極端な言い方をすれば、泥棒をしてでも物を取ってくるということも起きてきます。目的のためには手段を犠牲にすることも辞せずの態度が徐々に育まれていくということです。

競争は、本末、組織の発展や個人の成長にプラスになるものでなければならないのに、このような競争のあり方では、組織にとっても個人にとっても決してプラスにはなりません。

また、格差と競争の中で「差」をつけるためには、上司の目が、部下の一挙一動が、思いどおりのものであるかに集中したとしてもやむをえません。とにかく「差」をつけなければならないわけですから、部下がドングリの背比べにある状態の場合などは、どこに「差」を見いだすか、「差」をつける材料探しに焦点をおかざるをえないということになるわけです。

　そこで部下の仕事ぶりについて徹底して監視し、あら探しみたいなことをする、といった考課へと発展していきます。そのようなときに、上司が指示したとおりにやっていない部下の行動が発見されれば、それは格好の「差」をつける材料になることはいうまでもありません。おそらく上司のメモや頭の中には、「差」をつけるための材料として書き込まれていくことになるでしょう。

　つまり、アメ・ムチ的な〝やれば褒美をとらせるぞ〟式の人事考課では、上司の〝エンマ帳〟が大変重要な決め手をもつことになるのです。そして上司が意識せずとも、知らず知らずのうちに、部下は上司の統制下におかれ、上司の言うことしかやらない、上司の言うとおりにしか動けない人間になっていくのです。

(5)　マル秘扱い——疎外型人事考課

　考課結果については、カギのかかったひき出しやロッカーの中にしまわれたまま、明るみに出されることがなかったのが、従来の人事考課ではなかったかと思います。

　結果の全容については、ほとんど被考課者である部下に知らされないまま、ベールにつつまれていたのが、これまでの人事考課でした。部下の側からいうならば、自分がやった結果かどうだったのか知る方法もなく、また知らされることもなく、繰り返し評価をされていた年月を積み重ねてきたわけです。

中には知る権利を主張して、〝結果を教えてください〟と申し出たとしても、〝そんなことを気にするよりも、仕事に打ちこみなさい〟とケムリにまくか、〝キミは、前期よくがんばったから、その分評価が良くなっているよ〟とあたりさわりなくかわすか、それでもなお執拗に〝そのわりには、昇給が平均以下とはどういうことでしょうか〟とくい下がる部下には、〝それについては、実はわたしにも解せないんだ。最終的には人事課のほうで調整したり、修正して決めるからね〟とあらぬ方向に、ほこ先を向けてしまう――というのが、偽らざるところではなかったかと思います。

なぜそのような結果について部下に知らせられなかったり、知らすにも知らせようのない人事考課であったのか。その理由は、すべてこれまでに述べてきた従来の人事考課の特徴というか、考課のあり方そのものにあるといえます。主観やイメージによる人事考課では、仮にもし結果についてフィードバックしたとしても、とても部下の理解や納得を得ることは望めません。結果だけを認め、結果を生み出す努力などについては評価しない人事考課について、部下に説明したとしても、部下はそのような人事考課を支持するとはいえません。おそらく報われることのない努力は、今後しようという気にはなれないでしょうし、第一努力したことが認められない考課のあり方に大いに疑問を抱くだけです。

次に主観やイメージによる考課、しかも同じ枠組の中での人物比較では、なおさら部下の納得や理解を得ることは困難です。上司が自分にいだいているイメージに対して、部下は不満に思うこともあるでしょうし、比較されることによる不満は、人間関係をこじらせることにもなりかねません。

結果を知らせることによって、上司、部下ともに得る利益はほとんど見あたらず、むしろ知らせることによっての弊害ばかりが考えられます。

そのようなわけで、部下に対する結果のフィードバックはなされないままに、闇の中で行われ、マル秘として処理されてきたのが、従来の人事考課でした。

つまり、本来、その部下にとっては、自分の最大の関心事である人事考課については、全く知らされない状態で、結果については、ワンサイドに享受せざるをえませんでした。

こと人事考課については、部下は全く疎外されてきたわけです。せいぜいまわりの同僚たちとの昇給額や賞与の支給額等からみて、あるいは昇格や昇進を横目でみやりながら、よく評価されたとか、されなかったことを判断するしか途はなかったともいえます。

以上、従来の人事考課の特徴というか、ねらいがどのような点におかれ、どのように行われてきたかについて、眺めてきたわけですが、その特徴についてもう一度整理してみますと、それらは、

○結果良ければすべて良しとする結果重視型の人事考課。
○順位づけすることをねらいとした番付編成型、差別偏重型の人事考課。
（それも、人物比較で「差」をつけるという）
○主観、イメージによる人事考課。
○アメ・ムチ型というか、やれば褒美をとらせるぞ式に、部下を統制し服従をしいる形で行われてきた人事考課。そして、
○マル秘扱いのワンサイド型、部下疎外型の人事考課。

ということになります。このような人事考課に対する不平不満があった事実は、冷静に受け止めなければなりません。

とにかくその人が入社してから退職するまで、人事考課は常についてまわるものです。特定の部下のみが笑いをみたり、また逆に泣きをみるような人事考課であっては困ります。結果を気にするあまり、部下に上司の顔色をうかがいながら仕事をさせるような人事考課

ではなくて、みんなが納得し、公平性が維持できるような人事考課、そして安心して思う存分に仕事に打ちこめる人事考課であることが、何よりも望まれるのではないでしょうか。

2 職場を取り巻く環境も変わる

前項で述べたような人事考課も、時代とともに修正され、改善される方向へと歩み始めています。

それはやはり時代の流れというか、企業を取り巻くさまざまな要因が、そういう動きをさせているわけですが、人事考課の修正や改善が、どのような方向をたどっているかを考える前に、そのような動きをさせている環境要因について、ひととおりみてみることにいたしましょう。

(1) いま、部下とともに成果を上げる時代

今日のような、企業を取り巻く環境の変化が激しく、なおかつ企業間の市場争奪競争が激しく行われている時代においては、過去の経緯の蓄積だけでは、変化や競争に対応できるものではないといわれているように、管理監督者だけの能力だけでは、乗り切っていく

ことはだんだん難しくなってきました。そこで何かを決定するに当たり、部下に参画してもらい、みんなで知恵を出し合うという衆知結集型のマネジメントが注目を集めるようになってきました。もうかなり以前から、経営参加とか、参画による経営といった言葉が使われていることは、ご存知のとおりです。

かつてのマネジメントに関するテキストなどでは、〝管理監督者とは、部下を通じて成果を上げる人〟といわれてきましたが、部下の参加、参画を求める時代においては、参加、参画の意味から推して、管理監督者は、〝部下とともに成果を上げる人〟と書き改めるべきではないかという気がしてなりません。参加、参画という言葉からは、どうも〝部下を通じて……〟というイメージはぴったりしません。そのせいか、最近の職場においては、ひところのように権威をカサに着たり、頭ごなしにハッパをかけたり、オレの言うとおりにしろ、といったやり方だけでは、だんだん部下に受け入れられなくなってきたようです。

これに対して、人間味あふれるというか、それでいて物わかりの良い上司が支持される傾向が強まっています。そのような上司は、オープンマインドで飾りっ気がなく、部下やまわりにいる人たちの話によく耳を傾け、自分に対する反対意見であっても、それをうまく取り入れるように努力しています。また、常に部下とのコミュニケーション・パイプを太くするように心がけている。つまり部下とのパートナーシップを重視し、部下を仲間としているように見受けられます。

(2) 上司と部下の関係は、仕事の「分与」と「関与」の関係

しかしながら、上司と部下が仲間になるという関係は、学生仲間にみられるような無差別的な対等関係ではなく、組織におけるお互いの位置づけや役割に応じて職務を分担し合い、役割を遂行していくことにおいて対等であるとみなさなければなりません。

もちろん管理監督者の職務分担内容と、部下のそれが異なることは当然のことですが、お互いどうし、それぞれの分担内容を明確にし、お互いに理解、確認し合う関係、つまり両者は命令する人、される人ではなく、お互いの話し合いの中で役割分担を決め、それを確認し合い、それに基づいてそれぞれが役割を遂行していく、といった対等意識みたいなものが、ここでいうところの仲間意識です。

このような仲間意識は、組織の中で管理監督者以下全員で役割を分担し合い、共通の目標達成に当たるというお互いの関係の中から芽生えてくるものであり、言い換えると、それは〝君はこの仕事をやってくれたまえ〟ではなく、〝私は部門目標達成のため、これこ

れの仕事をやります。あなたはどれどれの仕事をやってくれますか。私とあなたと手に手を取り合って、部門目標の達成に当たりましょう〟という関係ともいえます。

そしてこの仕事をお互いに分担し合うという意識でもって、それぞれが仕事に携わる関係、端的にいえば、仕事の分与関係という言葉で表現できるのではないかと思います。

しかしこの分与関係を実現するには、もう一方において仕事に関与させるということが大切です。仕事に対する一人ひとりの〝わが事意識〟がそこにない限り、この分与関係はなかなか成立しません。分与される仕事が、依然として〝オレの仕事〟というよりも、〝上司の仕事〟、〝上司から与えられた仕事〟、〝上司の仕事の一部〟という受け止め方であっては、〝あなたと私と力を合わせて〟の分与関係にはなりません。〝あなたと私と力を合わせて〟の分与関係を作り出すには、分与する仕事に対する〝わが事意識〟、〝オレの仕事意識〟をもたせることが必要です。この仕事に対する〝わが事意識〟をもたせることが、仕事に対する「関与」ということになります。仕事に対する関与とは、部下がその仕事を自分の事として理解し、その仕事に自発的に取り組み、その仕事を引き受けてやろうという気持ちになることであって、仕事に対するオーナーシップにほかなりません。

このような仕事に対するオーナーシップを部下にもたせるには、仕事の役割を決めるとき、積極的に部下に参画させ、話し合いによって進めるやり方が、極めて効果的であり、その話し合いを通じて、部下の合意、納得を得ていかない限り、部下の仕事に対するオーナーシップを期待することはできません。いずれにしても、今日的にみて、上司が一方的に仕事を割り当て、指示、命令し、統制していくといった管理スタイルは、次第に影をひそめつつあり、これに対し部下に参画を求め、仕事に対するオーナーシップをもたせるマネジメントが、その一方で徐々に浸透しつつあることはたしかなようです。

(3) 情報力を活かしたマネジメント

さて、部下に対する仕事の分与、関与を効果的に進めるには、情報の力を極力活かすことです。仕事に対する部下の心からの同意や納得をとりつけるには、経営理念やビジョンそして経営計画、方針はもちろん企業を取り巻く状況や、部門や職場が置かれている立場、その仕事と部門目標の関係、仕事そのものの意義、目的、必要性や重要度、将来の見通しなどについて、そのつど細かく知らせる必要があります。

今日のような複雑で、かつ変化が激しく、見通しが立てにくい経営環境下での、マネジメントとは、まさしく情報をいかに活用していくかにかかっており、部下に情報を与えずして、分与も関与もあり得ないといっていいでしょう。情報が与えられることによって、部下はその仕事をなぜやらなければならないかを理解することができるのです。情報は、足元を照らしてくれる光です。足元が暗ければ、思いきって前へ進むことはできません。そして情報は、上司と部下全員が、同時に等しく共有することがいちばん望ましいのです。これを等量等質の情報の同時共有化といいますが、等量等質の情報を同時に全員が共有することによって、職場全員が共通した考え方に立って判断したり行動するキッカケができるのであり、さらにはそのキッカケがふくらんでいって、仕事に対する共通の認識や相互協力関係の理解がもてます。情報とは、いわばお互いの心と心を結ぶきずなであり、情報ほどお互いの共有財産として、これ以上に価値あるものはありません。情報の共有化が弱い組織は弱体していきます。

(4)　求められる、部下とともに歩む姿勢

仕事の与え方、分担のさせ方は、部下のやる気を起こすうえで、重要なカギとなるわけですが、上司の仕事として大切なことは、部下のやる気をいかにして持続させるかにあります。それは部下の職務遂行過程における上司としての援助や、協力の仕方いかんにあると思います。

仕事の分与が、ほぼ満足できる状態であったとしても、部下が一つの仕事をなし終える

まで、部下とともに歩むといった基本的姿勢は持ち続けなければなりません。すなわち仕事上の細かい、差し出がましい口出しは、部下のやる気を喪失せしめたり、依存心を助長したりするので、極力差し控えなければなりませんが、常に部下の職務遂行状況の観察（監視ではない）をし、分析、記録し、もし部下が何か問題に直面しているようであれば、ともに解決策を考えたり、解決のための援助の手を差しのべたり、助言することが必要です。また仕事のやり方がまずいようであれば、正しいやり方についての指導をする、といったことが上司としての役割となってきます。

とにかく上司の部下とともにというひたむきな態度こそが、またとない部下のやる気の促進剤となるわけです。

(5) 能力主義と実力主義のクローズアップ

最近、能力主義や実力主義に対する興味や関心がにわかに高ってきました。もっとも能力主義という言葉に限っていえば、今にはじまったものではなく、かなり以前から使われてきた言葉ですが、最近に至って、ようやくその真に意味するところが、理解しはじめられたようです。

それでは能力主義とは一体何か。それは能力の開発と、その有効活用をねらったものといえます。

ところでこの能力主義は、実力主義としばしば混同して、理解されているところがあるようですが、実力主義と能力主義は、その考え方において、本質的に相違するものです。能力主義の能力とは、入社以来、育成開発されたその累積総量であり、一方実力主義のそれは時価能力を意味します。

能力（社員としての蓄積能力）と実力（現に成果を上げ得る能力つまり時価）とは、高齢化やＩＴ化が進む今日においては、必ずしも一致しなくなりました。そこに能力の陳腐化や体力・気力の低下そして行動特性の劣化などがあるからです。能力は「～ができる＝コンピテンス」、つまりどんな能力を身につけているかですが、実力は「～している＝コンピテンシー」つまり、高成果実現のためにどんな行動をとっているかです。能力があっても実力がなければ成果は期待できません。そこに実力主義の意義があります。

(6)　減点主義から加点主義

従来からのわが国の労働慣行の特徴とすべきところは、定期的に人を採用し、採用した人たちを時間をかけてじっくりと人材に育て上げ、不況時においてもその人材を社内にとどめ、さらに部門を越えて幅広く定年まで柔軟な活用をしていくところにありました。

ところが、高齢化、高学歴化や企業の技術の高度化、構造変化が進むにつれて、この労働力確保と活用の仕方の様相が徐々に変わってきました。それは、パートタイマーの増加、退職者の臨時・嘱託社員としての再雇用、スカウト人事、中途採用、派遣社員の活用、社外人材の活用、女子労働力の増加等にみることができます。

つまり定期採用と併せて、これらの雇用形態の増大がみられるようになったということです。また、企業で働く人々にも、かつてはみられなかった企業観や価値観といったものが顕著となり、いわゆる意識や価値観の多様化といったことが注目を集めるようになってきました。

以前は、入社した時の〝同期の桜（××年入社組）〟は、退職するまで全員〝同期の桜〟であったのが、今はその〝同期の桜〟に混じって、パートタイマーや臨時、嘱託といった〝梅〟や〝桃〟が一緒に仕事をしているといった状態がつくり出されつつあります。

そのせいかどうかはわかりませんが、そこで働く人々の中にも、昇進志向の人もいればマイ・ホーム主義の人もいる、といった具合に意識の変化や多様化を看取することができる時代へと移り変わってきました。

そこでひところのように何年入社組という一つの母集団単位に、処遇を考えていくといったいわゆる年功人事で同質管理は、改めざるをえなくなってきたのが今日的動向といえます。

年功人事・同質管理の崩壊とは、何年入社組という母集団の解体とも受け取れますし、それに加えて、前述したような意識、価値観の多様化が絡んできますと、今後のみなさん方の部下管理では、どうしても個それぞれをみつめ、個に応じた対応をすることが主眼となってきます。

少なくとも、何年入社組を十把一からげにし、入社後年数が経つほどに給料は上がる、一〇年も経てば肩書もつく、二〇年も経てば管理職に就けるといった、なりゆき管理（年功人事）の時代は終焉を迎えたといっても過言ではありません。

これからの職場には〝同期の桜〟たちに混じって、年齢の異なるパートタイマーたちがいる、臨時、嘱託といった人たちもいるということになれば、それら一人ひとりをしっかりみつめ、各人を掌握し、それぞれを個別に有効に活かすことが、管理監督者に望まれる最も重要な役割になってくるものと思われます。能力主義について今少し述べますと、その人の能力を的確に把握したうえで、より積極的に能力を開発、活用し、能力に応じた処遇をしていこうとする考え方やシステムのことをいいます。能力主義については、のちほど項を改めて詳しく触れますが、この能力主義の考え方は、職能資格制度として具現化され導入されてきましたが、職能要件を明示しない状態での運用となったため年功的運用となり、そのねらいからは程遠いものとなっていました。しかし成果主義の導入が余儀なくされ、能力なくして実力なしの言葉が高まり、今日、その職能資格制度を採り入れる企業や整備強化する企業がどんどん増えています。

〝企業は人なり〟とは、企業経営の金科玉条とされてきましたが、まさにこの企業は人なりを実現する途が職能資格制度です。能力主義とはあくまで、個人は無限の可能性を秘めた人間であるとしてその存在を認め、個々人をみつめ、個人を尊重していこうとする考え方が、そのベースに置かれています。今まではとかく人々を同質とみなし、画一的に管理してきましたが、今後は一人ひとりを異質・異能としてとらえ、多元的管理を進める必要性が出てきたわけです。

3　生まれ変わりつつある人事考課

前項で述べた企業を取り巻く環境の変化や、働く人々の意識の変化、価値観の多様化は、人事考課のあり方や考え方について、なんらかの影響を及ぼしたとしても、それはむしろ当然の成り行きといえましょう。

事実ここ数年来、人事考課そのもののあり方や考え方に大きな変化が起こっております。それはどのような変化であるか、それについてこれから述べてみたいと思います。

(1)　結果重視型から過程（プロセス）重視型へ

従来の人事考課の特徴の第一は、結果重視にあったということでした。結果重視とは、すでに述べたように、結果良ければすべて良しで、結果だけを見ようとする考え方です。

ところで、企業にとっては、この結果、すなわち、成果や業績を重要視する考え方は、不可欠であることには変わりはありませんが、しかし結果だけをみるというやり方は、そこに大きな矛盾があることも指摘せざるをえません。

例えば、ある商品をA君、B君がともに一〇〇個売ったとします。結果だけをみれば、両君とも一〇〇個であり、両君甲乙つけがたく、評価は同じということになります。ところがA君は比較的購買力のある地区で、さほど苦労もなく一〇〇個売ったのに対し、B君が担当している地区は、購買力も低く、苦労に苦労を重ねたあげく、ようやくの思いで一〇〇個売ることに成功しました。結果は同じでもA君はとりたてていうほどの努力をしなかった。B君は大変な努力をした。この二人の努力というものを、全く考慮しなくていいかどうかということです。

結論的にいうならば、努力は努力として認めてやるような見かたをして、そしてそれを評価する仕組みをもたないと、だれも努力しようとしなくなる——ということでしょう。

人事考課においては、結果を認めることはもちろん大切ですが、特にその結果を生み出すに至るまでの過去がどうであったかについてみることが、結果をみること以上に大切とさえいえます。それは結果というアウトプットは、結果を生みだすもと、すなわち原因と、結果に至るまでの努力の程度——仕事の改善や創意工夫の程度、知識、技能の程度等によって決まるからです。

企業はいうまでもなく経営理念を掲げ、そのミッション実現のためにも業績を上げつづけ、存在価値そのものを確実にしていかなければなりません。それを考えるとき、いまそこにいる人たち一人ひとりをいかに育て、活かしていくかにかかっているように思います。部下一人ひとりをしっかり見つめ、一人ひとりの能力をより高める方向にもっていき、その能力をフルに発揮させることが、業績を向上させる途だといえます。

人事考課も結果だけをみて、「差」をつけるものとしてではなく、より積極的な意味で、その結果と因果関係のある部下の能力、意欲・態度に目を向け、それらを開発し、それらを活かすためのものとすることが、能力・成果主義時代にふさわしい人事考課のあり方だといえます。

(2)　差別偏重型から能力開発型へ

前項でも述べたように、結果重視から過程重視ということになると、結果だけを取り上げて、それを査定するだけでは、そのねらいとするところの実現は図れません。その結果についてはもとより、結果を生み出すに至ったその要因と、過程がどうであったかについても部下にフィードバックし、部下の能力開発の機会へと結びつけていくことをしなければ意義が失われてしまいます。

差別偏重型人事考課は、査定に関心が向けられることから、いうなれば、アメ・ムチの減点型考課です。アメ・ムチ型ですと、結果がどうであったかについて、ましてやその原因がどこにあったのか、その過程がどうであったかについて入念にフィードバックする必要はありません。

しかしながら改善型ないし、育成型の人事考課となると、部下の将来に目を向けざるをえないということになり、結果とその原因および過程について詳細にフィードバックし、部下の能力不足を補うことに専念しなければならなくなります。

少なくとも能力開発という観点に立つ場合、仕事の結果、原因、過程のフィードバックは不可欠です。フィードバックのないところに能力開発はなく、事態改善も考えられません。フィードバックは、まさに部下に成長の〝糧〟を提供するものです。これこそ加点型絶対考課です。

(3) 主観、イメージ型から絶対評価型へ

これという基準のない状態で、しかも差別や査定のための人事考課であれば、人物比較でも、そのねらいは十分に果たすことができます。すなわち、A君とB君のどちらがよくやったかを比べて順位をつければよいわけです。このような人物比較で考課するやり方のことを相対考課というわけですが、相対考課も売上高や生産高のように数字でとらえられるものについてはまだしも、仕事に取り組む姿勢や態度、知識や技能について、人物比較

するとなるとなかなかやっかいで、考課する人のイメージや主観に左右されやすく、とても部下の納得や信頼が得られる考課とはなりません。

人事管理を行う場合、そこには歴然とした基準がなければ、信頼や納得を得ることはできません。部下の能力開発をするにしても、昇進や昇格を行うにしても、また賃金を決めるにしても、そこにはっきりした基準があって、その基準に照らしての評価、育成、活用そして処遇を行うものでなければならない、ということです。そのような基準となるもの――それをひと言でいいますと、それは企業が各人に期待し、求めるものということになります。

この期待像を明示することから絶対考課ははじまります。

期待像は職務遂行能力つまり職能期待像であり、それは等級基準と職務基準の二つからなります。

職能期待像
- 等級基準（職能要件）
- 職務基準（役割基準）

この各人に期待し求められるものについては、この後で詳しく触れますが、これらの基準をはっきりさせることによって、それぞれの位置づけごとにやるべき仕事が明確になり、加えてどこに目標を置いて個人を育成していけばよいかや、個人の能力の程度についての的確な評価を下すことができるようになり、さらにその結果として、能力の程度に応じての処遇をすることも可能となるわけです。

能力主義人事うんぬんということをいいましたが、それは、従業員個々の能力をまず把握（評価）し、企業が期待し求める職能期待像に育て上げ、一人ひとりを人材として有効に活かそうとする、人材育成・活用のことをいうのです。

特にこの能力主義人事の確立を目指すには、育成、評価、活用、処遇の基準となるものを明確にすることが、絶対的な条件となります。したがって能力主義下の人事考課は、人物比較による評価では意味をなさなくなり、基準に照らしての絶対評価でなければならないことになります。この基準に照らして一人ひとりを評価する人事考課のあり方のことを絶対考課といいますが、絶対考課によってはじめて、〝個〟をみつめ、個を活かす育成型の人事考課への途が開けてくるのです。この絶対考課こそは、これからの人事考課の中心におくべき考え方であって、本書において取り上げる人事考課とは、絶対考課を指しているのです。

これは、実際に体験した話ですが、あるときたまたまある管理職の方から、〝わたしのところには、部下が一人しかいないので人事考課ができません。どうしたらいいでしょうか〟という質問を受けました。すでに本書およびその他によって、絶対考課とはなんぞやについてご存知の方ならば、一笑に付されるかもしれませんが、基準のない状態で、人物比較による考課を行なっている場合には、この管理者のいわれるとおり、本当に困った問題ということに、ならざるをえません。

評価制度の３条件

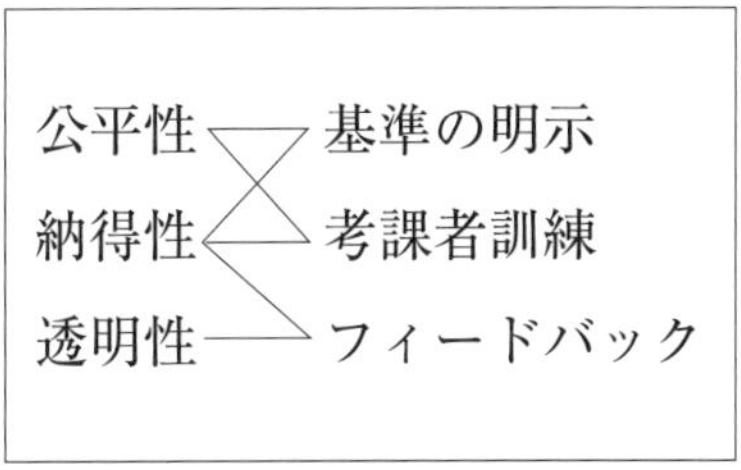

しかし、絶対考課においては、基準をモノサシとして、これに照らしての評価をすればよいわけですから、部下が一人であろうと、何十人いようとも、適正な評価、公正な評価を行うことができ、このような問題が起こるはずもありません。

人事考課の公平性、納得性そして透明性は、人事考課が絶対考課で行われることによって、初めて確立されるのです。

(4)　アメ・ムチ型から動機づけ型へ

これといった基準もなく、上司の主観やイメージによって評価される人事考課においては、往々にして上司がやれといったことを、言われたとおりにするかしないかが、評価の分かれ目になります。それはまさしく、〝オレの言うとおりにしたら褒美をとらせる〟式のやり方でもあります。

そのようなやり方は、上司が期待し求めるものを、部下に一方的に押しつけるという、一種のノルマ管理であり、部下を動機づけるほどの効力は期待できません。

すでに述べたように、上司と部下の関係は、仕事の「分与」と「関与」の関係であることによって、部下はその仕事を、上司から押しつけられた仕事、上司からやれと言われてやる仕事としてではなく、わが事として受け入れ、それに真底より取り組もうとする意欲がわいてくるのです。

したがって、部下のやる気に期待することからいっても、仕事を与え、その結果についてどうであったかをみる場合、部下にそれを一方的に命令し、服従させるよりも、部下にその仕事に関与させるかたちで分与するほうが、より大きな成果となって表われることは明白といえましょう。

つまりこれからの人事考課は、上から一方的に与えた仕事についてどうであったかをみるのではなく、部下のやる気を起こすような、できればチャレンジを引き出す仕事の与え方をし、その仕事についてどうであったかをみるような考課を目指すことのほうが、上司、部下双方にとって、より望ましいことではないかと考えます。

与えられた仕事だけをやって評価される時代は終わりました。

(5) 部下疎外型からオープン型（参画型）へ

査定オンリーの人事考課の場合は、その結果について、積極的にフィードバックすることにためらいや抵抗があったことは否めません。下手をすると人間関係をこじらせるもとになったり、部下のモラールダウンを招く危険性が大いに考えられたからです。したがって、結果についてはなるべくそっとしておいて、部下には知らせまいとするやり方で処理せざるをえなかった。また人物比較の人事考課では、たとえフィードバックしても、部下の側から必ずといっていいぐらい疑問点や問題点が出されることもあって、公開どころではなかったというのが実状でした。

ところが、基準に照らして部下の能力を評価し、育成を図ろうとする開発型の人事考課では、むしろ結果について、ちゅうちょすることなくフィードバックし、今後の能力開発の目標や課題に結びつけていくことができます。また基準に対する絶対考課ということであれば、あらかじめ明確にされた基準に対してどうであったかを、フィードバックに結びつけていけばよいので、フィードバックするほうにとっても、わだかまりや抵抗もなく、確信をもって行うこともできますし、フィードバックされるほうも納得しやすいということになるでしょう。

つまり絶対考課の下では、考課そのものについて隠しだてする必要もなければ、部下との間で、オープンにすればするほど絶対考課による意義が活きてくるということです。人事考課の公開性とは、このフィードバックを確立することを指しているのです。

査定オンリーの非公開型人事考課は、結果についてそれを選別し、しかもそれを一方的に押しつけるというワンウェイ型の相対考課であったといっていいでしょう。

人事考課
- 選別・査定の論理─相対考課（クローズ）
- 育成・開発の論理─絶対考課（オープン）

それに対して、公開型人事考課は、仕事の結果や、能力の到達度についてはもとより、結果に至るまでの仕事ぶりや、能力の習熟ぶりといった過程を含めて逐一部下にフィードバックするわけですから、ワンウェイ型の人事考課とはいささか様子が異なり、そこに部下とのツーウェイ的な関係が育まれていくことになります。つまり基準に対してどうであったかについて、両者の話し合いの接点が両者の関係をより緊密化することを促すということです。

そしてそのようなフィードバックの中から、管理監督者自身の部下に対する仕事の与え方、指導のあり方といった管理姿勢に、大きな変化が起こりうることも十分考えられるのではないかと思います。

ここでひとこと、念のために申し上げておきますと、人事考課の公開性とは、あたかも学校の入試合格発表のようにデカデカと公表するという意味ではありません。

人事考課の公開については、ひところ労使の間でするしないの攻防をめぐってのやりとりがあった例もあります。

しかし、それは査定型人事考課に対する不信みたいなものが、公開を迫る側にもあったし、公開を迫られた側にも、そんなことをしたら収拾がつかなくなるということで、拒否せざるをえない事情があったものと思われます。

人事考課の公開性うんぬんは、考課に部下を関与させること、すなわち部下に参画を求めることによって確立される問題です。絶対考課によるフィードバック型人事考課自体が、すでに人事考課の公開性を象徴するもので、絶対考課が定着し、適正な運用が行われるよ

図―(1)　人事考課の移り変わり

（従来の人事考課）		（これからの人事考課）
結果重視型	→	過程重視型
差別偏重型	→	能力開発型
主観・イメージ型	→	基準明示型
アメ・ムチ型	→	動機づけ型
クローズド型	→	オープン型
人間比較型	→	個別管理型
疎外型	→	参画型
（減点型・相対評価）		（加点型・絶対評価）

うになれば、査定型人事考課で問題とされた公開性についてはは、もはや論議の対象とはならないでしょう。

以上がこれからの能力主義時代にふさわしい人事考課のあり方、考え方ということになるわけですが、これを従来の人事考課のそれと対照させてとりまとめてみますと、上の図―(1)のようになります。

この章では、時代とともに人事考課も変わりつつあることについて述べましたが、今後の人事考課の目指すところを要約するならば、それは改善型、能力開発型の人事考課であり、企業が期待し求めるものを基準に、本人が挑戦する加点主義・絶対考課だということに尽きるということでしょう。それはまた、部下一人ひとりをみつめていく人間性尊重の人事考課であり、能力の開発と活用のための問題解決型人事考課でもあります。

今日の時代を一言でいうならば、それはまさしく〝新人材時代〟と形容することができるのではないかと思います。打ち寄せる国際化の波、発展途上国が台頭するなかで、企業が生き残るには、月並みなことではありますが、従来にもまして付加価値生産性を高め続けていくしかありません。そこに生産性の向上に貢献しうる新しい人材の確保が要請されるのは、当然のこととしなければなりません。

しかし、明日の人材を明日になって得ようとしても無理な話です。今いる人材を明日に向けて育てていくしかないのです。そこに人材の育成と活用を目指す能力主義人事への期待がますます高まる背景を見いだすことができます。それはまた、加点主義・絶対考課に寄せられる期待でもあります。

人事考課に携わる第一線の管理監督者として、この点を十分に認識、理解していただく必要があるわけです。

第1章のまとめ

従来の人事考課は、〝結果良ければすべて良し〟ということで、「差」をつけることをねらいとして行われてきました。しかもその「差」をつけるにしても、主に考課する人の主観・イメージによるところ大で、普遍性のある基準もなく、人物比較という方法がその主流を占めていたといえます。

しかし時代の移り変わりは、組織で働く人々の価値観を変え、それらがマネジメントの上に大きく変化を求めようとしています。特に今は、部下に参画を求め、そこにいる人たちの衆知を集めて、より大きな成果を上げていく時代ともいわれ、そのため従来の仕事の「分与」関係にも変化をきたしてきました。とりわけ情報力が、仕事の「分与」「関与」には欠かせない要素と考えられるにいたっています。

組織の目標を達成するにしても、管理監督者と部下それぞれの役割分担を明確にし、お互い組織の目標達成に向けて、協調したり援助をしながらともに歩む姿勢が必要とされてきました。

また、より大きな成果を生みだすには、組織の一人ひとりの能力をより積極的に高め、その能力を高成果実現のためにどんな行動をとっているかの実力に有意義に活かそうとする広義の能力主義というものが、ようやく注目を集めるようになりました。

このような職場を取り巻く環境の変化につれて、人事考課の果たす役割、機能の上に、ある種の変化が表われることは当然というべきであって、なんらかのかたちで修正、改善すべき必要がでてきました。その修正、改善とは、結果重視型から過程重視型へ、差別偏重型から能力開発型へ、主観・イメージ型から絶対評価型へ、アメ・ムチ型から動機づけ型へ、部下疎外型からオープン（参画）型へという方向をたどりつつあります。とりわけ人事考課のねらいは「差」をつけること、すなわち査定型人事考課から、部下一人ひとりに焦点を合わせての能力のレベルアップとその有効活用を図るための能力開発型、期待し求める職能像に対して「差」をなくしていく育成型人事考課へと脱皮が進んでいます。

そして能力開発型、加点型人事考課を最も特徴づけるのが絶対基準による絶対考課にほかなりません。

検討課題

あなたの会社（組織）の人事考課のねらいや性格はどのようなものとなっていますか。あなたなりに整理し、まとめてみてください。

1．“わが社”の人事考課のねらい

●

●

2．“わが社”の人事考課の性格

●

●

3．“わが社”の人事考課の課題

●

●

●

第2章

人事考課とマネジメント

この章では、人事考課と、われわれの日常のマネジメントとの関連について、考えることにしましょう。

1 人事考課は、部下管理そのものである

従来からも繰り返し言われてきたように、管理監督者の重要な職責の一つとして、部下育成、掌握をあげることができます。

部下を育成するためには、育成につながるような役割分担を考えなければなりませんし、その仕事が支障なく行われるように、部下を指導することもしなければなりません。また指導した結果について評価してみて、思わしくない点があれば、追指導、補習指導をする。そしてそれによって部下のレベルアップがはっきり認められるようであれば、それに応じて次の仕事を分担させるという一連のサイクルに従って、部下の育成、掌握に当たってこられたことと思います。つまり、部下への仕事の配分——指導育成——評価——新しい配分の計画というマネジメントサイクルが重要な仕事であったということです。

本来、部下の成長につながるよう、仕事の分担を考え、その部下が分担する仕事が支障

なく達成されるよう部下を指導したり、それによって部下がどれだけ成長したかを把握し、評価する仕事は、マネジメントそのものであるということになります。

さらにつけ加えていうならば、マネジメントサイクルは、人事考課の過程でもあるわけです。

別のいい方をすれば、人事考課をより効果的に進めることが即マネジメントの強化となるということです。特に絶対基準による絶対考課の推進は、人材マネジメントそのものといえるのです。

2　人事考課と面接

とりわけ評価は面接と不即不離の関係にあります。以下、その点について述べることにいたします。

絶対考課には、その基準となるものが必要であり、そしてその基準とは、会社が従業員に期待し求めるものであると述べました。

ところで、会社が従業員に期待し求めるものとは一体なんだったでしょうか。

その一つは等級基準です。これは職種別（部門別）、習熟度別（等級別）、職能要件として提示されます。職能要件の中身は、その位置づけの者に覚えてもらいたい仕事の内容（課業）とそのレベル（習熟の違い）で示す習熟要件と、勉強してもらいたい知識・技術を具体的修得手段・方法で示す修得要件で構成されます。

そして、会社が従業員に期待し求める期待像のもう一つは職務基準です。

職務基準は、一定期間内に、部下が遂行、または達成しなければならない仕事で、これは現在、各部門で行われている仕事を、だれに、何を、どのくらい、いつまでに、どのようにやってもらうかを十分に検討したうえで分与し、それに対して部下に関与させるかたちを目標面接でとります。

職能要件は、すでに述べたとおり、例えば、わが社の営業職五等級の者は、こういった内容の知識、技能や経験を、この程度身につけてほしいといったもの、すなわち、職種別（または部門別）、等級（習熟度）別の能力の中身であり、これをとりまとめたものを職能要件書（職能マニュアルともいう――以下、職能マニュアル）といいます。

実はこの職能マニュアルこそ、能力開発の標的となるもので、職能マニュアルの中にこそ、部下の能力開発の目標（必要点）を発見する手がかりがあるわけです。

評価は単に「やった」「やらない」という項目にマークする行為ではありません。次を良くするための発見（診断）です。あなたにこうなってほしい、応援しますからね、という思いは声に出し合わねば分かりません。フィードバックも、次はさらに良くなろうとのやりとりを交わす……場です。

自分の成長を望まない上司に評価は出来ません。評価は人の成長を望むから行うのです。この基本的な行為が対話となるのです。人材育成は容易なことではありません。そこには根気が必要です。

3 P—D—C—Aと人事考課

次に、P—D—C—A（マネジメント・サイクル）からみて、人事考課と面接をとらえてみることにします。

①　プラン（P）の段階

人事考課のプランの段階は、いうまでもなく、部下の職務分担を決め、職務基準（役割像）を明確化し、併せて職能要件（能力像）を明示し、開発課題を明らかにすることにあります。

ところで、すでに前章で明らかにしたように、仕事や目標を部下に分与する際、重要なことは、その仕事や目標に対する部下の〝わが事意識〟であり、この〝わが事意識〟に欠ける仕事や目標は、本来、その部下にとって、部下自身の仕事や目標とはなりえず、上司から与えられた仕事、押しつけられた仕事としての意味しかもたないということです。

そこで、いかようにしてでも、職能像に対する部下の〝わが事意識〟をかもし出す努力をしなければならないということになります。

そのためには、職務基準を一方的に部下に示したり、押しつけたりしないで、部下と徹底的に話し合い、部下の合意、納得をとりつけ、合意、納得したむねを上司と部下双方が互いに確認し合う必要があります。要するにその職務基準について、部下が〝よし、やってやろう〟という気にさせることが重要なのであって、そのためには上司として、周到な準備と、部下の心からの合意、納得を得るための惜しみない努力を払わなければなりません。ここに人が仕事を創造したり、挑戦したりする目標面接の意義があります。

次に職務基準を設定するに当たって、これと併せて明確化してほしいものに、その職務基準を遂行する心構えについての目標があります（これこそが成績考課と一緒に行われる情意考課の基準となります）。

また、職務基準の明確化と併せて職能マニュアルの中から、開発課題を部下とともに探し、それらを部下の啓発内容、ないしは啓発目標として設定するようにしなければなりません。これを忘れてしまったのでは、より効果的な育成型人事考課とはなりません。

職務基準、職能マニュアルをベースとした啓発課題の設定こそ、絶対考課の基準づくりに他なりません。この基準づくりが適正に行われることが、絶対考課の行方を決することになるので、先を急ぐことなく、時間をかけて部下と話し合い、じっくり事を運ぶように心がけるべきです。

② ドウ（D）の段階

職務基準が確認され、職能要件の浸透徹底が図れれば、上司として、あとは何もしなくてもいいというわけではありません。

とにかく何事もなく、仕事が行われている状態のように見受けられても、常に部下一人ひとりの行動をつぶさに観察し、分析、記録しておく必要があります。この観察、分析、記録は、考課結果をフィードバックする際の重要なデータ〈事実〉となります。

いうまでもなく、上司として、部下との共同作業で職務基準を決め、確認し合ったわけですから、職務基準を遂行、達成するための努力も共同で、といった姿勢も望まれます。その場が中間面接です。特に基準が相当チャレンジ的なレベルで相互確認された場合は、上司としても、それを部下に期待し求めた以上、放ってはおけないはずです。

そして何よりも大切なことは、ＯＪＴの実施です。部下の職務遂行過程で、部下自身は自己啓発に心がける。上司はＯＪＴによって部下のレベルアップを図るよう努力する。これをやらないと、職務基準の達成と、職能要件に不足するところは、いつまでたっても埋まりません。人事考課の真のねらいはここにあるのです。

その他、部下のレベルアップと併せて、職務遂行状況の中間チェック、さらにはチェックを通じて、問題点の発見とその解決といった、上司本来の仕事の遂行に当たらなければならないことはいうまでもありません。

ところで、この部下の職務遂行過程での観察、分析や、それを通しての問題解決と関連して、次の点に留意することも大切です。

それは、部下の能力がすべて仕事の成果に結びつくような状況をつくり出していく、ということです。本来ならば、

部下の能力 ＝ 仕事の成果

とみなされるわけですが、実際にはなかなかこうはうまくいかないで、

部下の能力 ＞ 仕事の成果

となることがしばしばです。つまり部下の能力以下の成果しか上げられなかったということであり、それはすなわち能力のムダ使いを表わすものです。

なぜ、このような結果が生ずるのかといえば、それは部下の能力発揮を妨げるさまざまな要因が、そこに働くからに他なりません。例えば、上司の指示がまずくて、仕事の変更を余儀なくされたといった部下の側の問題というよりは、上司の側の問題が部下の仕事にブレーキをかけ、部下が目一杯やれなかったということが考えられます。その他にも、まだまだ部下の能力発揮が阻害されるたくさんの要因が考えられます。これとはもちろん反対のケースもあるわけで、上司の指示や協力が的を射たものであれば、

部下の能力 ＜ 仕事の成果

となることもあります。

ここで、われわれが心しなければならないことは、部下の能力発揮を妨げる要因を常に取り除き、

部下の能力 ≦ 仕事の成果

という状況をつくり出すように、日常の管理監督（部下掌握）を進めなければならないということでしょう。

この部下の能力発揮を妨げる要因のことを、人事考課では「中間項」といいますが、この中間項のマイナスを排除することが、考課者、すなわち上司の最大の務めであることを、くれぐれも忘れてはなりません。

部下の職務遂行行動の観察、分析と併せて、そこにいかなる中間項が介在しているかを、見落とさないようにすることが必要です。これを見落とすことは、部下の能力の的確な把握を欠くことになります。

なお、中間項については、後章でさらに詳しく触れることにいたします。

③ チェック（C）の段階

結果の評価については、職務基準、すなわち役割が明確化され、上司、部下双方によって確認されているところから、部下自身やったかやらなかったかの自己評価や、自己分析を行うことが可能となります。

上司のほうも、明確化された基準つまり、部下に期待し求めた職務基準、そして職能要件に対して、部下がやったか、やらなかったか、充足したか、していないか、を部下の職務遂行課程での観察と分析をもとに公正に評価することができます。

④　アクション（A）の段階

人事考課におけるこのプロセスでは、上司が上司評価、部下が自己評価を互いに持ち寄り、照合し合い、さらに職務遂行過程を振り返りながら、お互いの反省材料を発見するための話し合いをします。これこそが人事考課におけるフィードバックであり、育成面接に当たるところです。さて、その場での話し合いの中身は、上司による部下の職務遂行過程の観察、分析、記録等からのフィードバックであり、今後の事態改善のため、部

自己観察と
いうかたちで…
自分を評価できる
考課表
一方的

マネジメントサイクル

	点　　検	査　　定
	受　　身	諦　　め
	CHECK	ACTION
	結果管理	事態管理
	・相互評価（自己評価・上司評価） ・合議評価（1次、2次、3次）	・組織開発（能力開発、職務改善） ・公平処遇への結びつけ
ナーシップ		
	・達成度評価、　努力度評価 ・充足度評価	・育成プラン ・改善指導 ・配置、結果責任
	レビュー・アンド・アナリシス	フィードバック（育成面接）
援助的話し合い	相互評価 自己評価・上司評価 成績考課 → 情意考課 → 能力考課	事態改善 ⟺ 能力開発 ・OJT ・Off-JT ・自己啓発 職務改善 次期目標の検討
	相互信頼	相互啓発
	・自己評価	・気づき（反省検討） ・改善提案
啓　発		

表—(1)　人事考課と

従来のマネジメント	上司役割	指示・命令	統制
	部下役割	服従	従順
マネジメントサイクル		PLAN	DO
職務基準・職能要件をベースとしたマネジメント	機能的特徴	割当管理	プロセス管理
		・職務の編成 ・職務基準の明確化（役割設定）	・自己統制 ・権限の委譲
	上司役割	リーダーシップ、パート	
		・情報提供 ・期待し要求するものの明示（職責の徹底と決定） ・動機づけ（やる気の喚起） ・環境、仕組みづくり	・能力開発（OJT） ・調整、調達、問題解決 ・援助、示唆、激励、助言 ・他部門協力　・日常観察記録
	トップダウン	インタビュー（目標面接）	コンサーン（中間面接）
	共同作業	情報の同時共有 ⇔ 役割——基準の設定 職能マニュアル（習熟要件・修得要件） 課業一覧表 目標カード（マイ・ジョブ） 業務目標・心構え目標・啓発目標 ⇔ 実行計画	チャレンジ ⇔ 職務の遂行 部下——実行 上司——協力 ⇔
	ボトムアップ	合意と納得（相互確認）	相互協力
	部下役割	・参画———自己申告———目標の提示 ・課題の発見 ・役割の自覚	・自己責任 ・問題解決 ・遂行責任（経過報告） ・他者との協調
			自己

下に改善提案を求めるなどして、解決策をともに検討するといった内容、さらには、部下の今後の能力開発や改善課題の検討とその方法、次のチャレンジなどがその中心となります。

この過程でとりわけ重要なことは、部下に自己の職務遂行過程を振り返らせ、徹底した自己分析と自己評価を行わせることにあります。さらに今後の事態の改善に対する部下なりの考えや啓発課題について、十分検討する余地を与え、部下自身に内在する問題点、改善点に気づかせることです。このような、部下の自己分析――自己評価――問題点の発見(気づき)に加えて、上司のフィードバックがなされないかぎり、今後の事態改善の途は開かれません。ここにフィードバックのねらいがあり、これによって、育成型の人事考課の確立をみることができるのです。

人事考課の公開性ということで、考課結果について、部下にフィードバックすることを制度化しているところもあるようですが、その実態を見るに、単なる結果の伝達だけに終わっているケースが多いようにも見受けられます。しかし、そのようなやり方は、本来のフィードバックではなく、むしろワンウェイ型の延長にすぎません。

フィードバックは、必ず、上司と部下の問題解決的な話し合いを前提として行われない限り、その意義は失われてしまいます。

以上、人事考課とP―D―C―Aについて概観してきたわけですが、このように人事考課はまさしくマネジメントのプロセスそのものであることが、ご理解いただけたことと思います。マネジメントサイクルを単なる方法としてでなく、そこに思想をもたねばなりません。

なお、念のため、人事考課とP―D―C―Aの関係を前頁に表―(1)としてまとめておきました。参考にしてください。

第2章のまとめ

管理監督者の役割に部下の育成があります。部下の育成を図るには、仕事の分担を育成につながるように考え、その仕事が支障なく遂行されるように指導し、指導した結果については評価し、その結果いかんによっては、追指導、補習指導を行い、それによって部下の成長が認められるようであれば、成長に応じて、次の仕事の分担を考える。つまり仕事の分与――指導育成――評価――事態改善の繰り返しが、上司としての役割とされてきましたが、このサイクルこそ、他ならぬ人事考課の過程であります。人事考課とは、まさに部下管理そのものであり、また人事考課は、そのねらいとするところや機能からみて、人が仕事を創る、能力主義の本質そのものでもあります。

人事考課における絶対基準（職能期待像＝職務基準＋職能要件）は、人材マネジメントのスタートとなります。

また、P―D―C―Aは、人事考課そのものともいえます。したがって人事考課の効果的運用は、人材マネジメントの定着、深耕につながり、それの効果的運用を図るには、人事考課――それも絶対考課の確立が望まれる次第です。

検討課題

１．あなたの会社の「目標面接」のねらいは……。

２．職能要件は明示されていますか。

３．フィードバックは実施されていますか。

第3章

人事考課の仕組み

――絶対考課とその要件

前章までは、これからの人事考課のあり方や基本におくべき考え方などを中心に述べてきましたが、人事考課についての正しい理解や認識をもちえたとしても、その仕組みや、人事考課を実施していくうえでのルールなどについて、しっかり把握しておかないと、厳正な考課はできません。そこでこの章では、人事考課――それも絶対考課の仕組みについて考えることにします。

1　絶対基準とは

人事考課はいうにおよばず、人事には、育成や処遇を行っていくうえでの基準が必要であることについては、すでに述べたところではありますが、その基準とは、企業が各人に期待し求める職能期待像であり、それは、さらに職務基準、職能要件として示されると述べました。したがって、この基準を明確化することが、絶対考課の仕組み上不可欠の要件となります。

(1)　役割としての職務基準の明確化

この職務基準はどのようにして決定づけられるかというと、上司と部下がそのつど話し合って決める——これがポイントとなります。

つまり上司が与えた職責に対して、部下が具体的行動計画として提案した目標について、面接の場で設定、確認することになります。

先ほども述べましたように、具体的にこんな仕事をこのぐらいをつめるかたちで決めることになります。そして話し合い、確認された内容については、表—(2)の「目標チャレンジカード」「能力開発カード」に記入されます（注…次頁の目標チャレンジカードそのものでなくても、同類の様式のものであれば、それで結構です。しかし、なんらかのかたちで、確認された内容を書き出しておく必要があります）。

以上によって、職務基準が設定されることになるわけですが、この職務基準こそが、成績考課の考課基準となります。

(2)　能力としての職能要件の明確化

①　職能資格制度確立の必要性

期待基準となる職務基準は、現在、その部門や職場で期待されている仕事の中から、部下一人ひとりの立場に応じて、上司と部下の間で話し合って決めるかたちをとりますが、もう一つの基準である職能要件については、どのような方法で明確化されるのでしょうか。

表―(2) 目標チャレンジカード

（本人作成―期間６カ月間）

対象期間	所属	等級	氏名	上司名		
				（一次）	（二次）	（三次）
年　月～　年　月			㊞	㊞	㊞	㊞

職務基準（役割）			評価 ※3 該当箇所に○印	
職務編成 ※1 （課業、なにを）	目標（具体的行動計画） （いつまでに、どのように、どのくらい）	※2 チャレンジ	自己	上司
			※ 期末に記入	
1．課業一覧表から転記			＋±△	＋±△
2．上司が常日頃与えている仕事のカタマリでよい			＋±△	＋±△
3．課業の種類……………	種類によって話し合う内容も違う。（期待基準の表し方）		＋±△	＋±△
・量的把握可能課業……	何個売れ、いくら売れ、ロス率を何％以内とせよ。		＋±△	＋±△
・定型課業………………	質、量ともやって当り前、ゼロを目標とした期待基準とする。 届出、作成……早い、正確。（質を問う） 計算、照合……ミスゼロを目標。 前期月間５件の計算ミスを今期２件以下。 発注忘れ件数をゼロにせよ。		＋±△	＋±△
・非定型課業……………	プロモートする内容。システムづくり、改善、改正のスケジュール化。		＋±△	＋±△
4．仕事の中から重点課業、最大量の仕事、今不足していて育成につながる課業など２～５つでよいが、できれば与えた課業全部記入するとよい。			＋±△	＋±△
			＋±△	＋±△
5．啓発目標は自己開発カードに記入			＋±△	＋±△

※4 要　　素	組織人としての心構え （具体的な行動を肯定文、否定文おりまぜて過去形でお書き下さい）	評価 自己	評価 上司
規　律　性		※期末に記入	
		◎○□	◎○□
		◎○□	◎○□
		◎○□	◎○□
		◎○□	◎○□
責　任　性		◎○□	◎○□
		◎○□	◎○□
	着眼点の中から、個々人に自覚してもらいたい事を否定文、肯定文	◎○□	◎○□
	おりまぜて過去形で記入……できた。やらなかった。	◎○□	◎○□
	面接の時は期待形、未来形で話す。	◎○□	◎○□
協　調　性	○○は守ろうね。××はしないようにね。	◎○□	◎○□
		◎○□	◎○□
	今不足している心構えをいかに育成するかを重点に2～3つでよい。	◎○□	◎○□
		◎○□	◎○□
		◎○□	◎○□
積　極　性		◎○□	◎○□
		◎○□	◎○□
		◎○□	◎○□
		◎○□	◎○□
		◎○□	◎○□

〔注記〕
※1）職務編成は、課業一覧表から能力開発に値する職務および重点課題を主体に作成して下さい。
※2）チャレンジは、課業の目標の高まり、拡がり、深まり等を考慮のうえ相互で決定下さい。
※3）「+、±、△」の三段階評価となります。「+は申し分なくできた、±は何とかできた、△はできなかった」で評価下さい。
※4）「◎、○、△」の三段階評価となります。「◎は該当する、○は時々該当する、□は該当しない」で評価下さい。

能力開発カード

（本人作成～期間１年間）

対象期間	所属	等級	氏名	上司名		
				（一次）	（二次）	（三次）
年　月　日～　年　月　日			㊞	㊞	㊞	㊞

区分		開発目標（何を）	達成基準（どのくらい、どの程度）	達成基準 いつまで	結果はどうであったか
ＯＪＴ ※１	上司または上級者による指導	１．上司と部下の話し合いにより、目標達成のために必要な能力開発項目を記入して下さい。	その開発項目が身につくことにより、どのようなこと（仕事）が、どれくらいできるようになるかを記入する。（職能要件書の技能項目に着目）	目安の期限	
		２．日常の業務遂行上、特に気になる能力着眼点について記入して下さい。	上記と同様に、達成目標を具体的に明記する。		

自己啓発	読書	書籍名を記入	身についた知識を業務遂行のどの分野に応用するのか	具体的期限	
	通信教育	コース名記入			
	その他	ビデオ・スライド 勉強会等			
Off・JT	社内	人事部門または所属部門で予定している階層別研修			
	社外				
その他		キャリア開発にかかわるもの			

（注記）
※１）目標を達成するために必要な知識、技術の修得方法について、本人と上司の話し合いのうえで作成下さい。

再三述べましたように、能力の開発と有効活用を目指す能力主義人事においては、従業員一人ひとりの能力に応じて——つまり、能力の発展段階に応じて育成、活用そして処遇していこうとする考え方でありますから、まず能力の発展段階を明確にした仕組みがその前提にあってしかるべきだということになります。この従業員の能力の発展段階に応じて、従業員を処遇し、活用していく能力主義人事の柱を「職能資格制度」と呼んでいますが、実は、「職能資格制度」の導入、確立によってこそ、職能要件は明確化されることになるのです。したがって、職能要件とは何ぞやについて、ご理解いただくためには、どうしても、職能資格制度の一端に触れなければなりません。

さて、職能資格制度は、資格（職務遂行能力

〔これを職能資格制度では〝職能〟といいます〕の発展段階に応じて適切にクラス分け——等級分け、グレードの設定——をしたもの）をベースとして、より効果的に能力評価、育成と活用、そして処遇することをねらいにおいた能力主義人事処遇システムのことをいうわけですが、同制度のねらいとするところから、職能開発制度と呼ぶほうが適切とさえいわれています。その職能資格制度における資格等級基準こそ、企業が各人に期待し求める職能期待像ということになるのです。

②　職能要件を明確化するための職務調査

職能要件を明確化するに当たっては、職能資格制度の導入、確立と相まっての「職務調査」という手続きが必要です。職務調査は、能力像を明らかにしていくための手続きであり、職能資格制度を確立していく要件でもあるわけです。以下、企業が各人に期待し求めるものをとりまとめていく職務調査のポイントだけを説明しておきます。一般に職務調査で把握される内容には、次の五つをあげることができます。すなわち、

○わが社には一体どんな仕事があるのか——これを仕事（課業）の洗い出しといいます。

○それら一つひとりの仕事はどのくらいのレベルの仕事なのか——これを仕事の難易

図―(2)　職能資格制度の概念

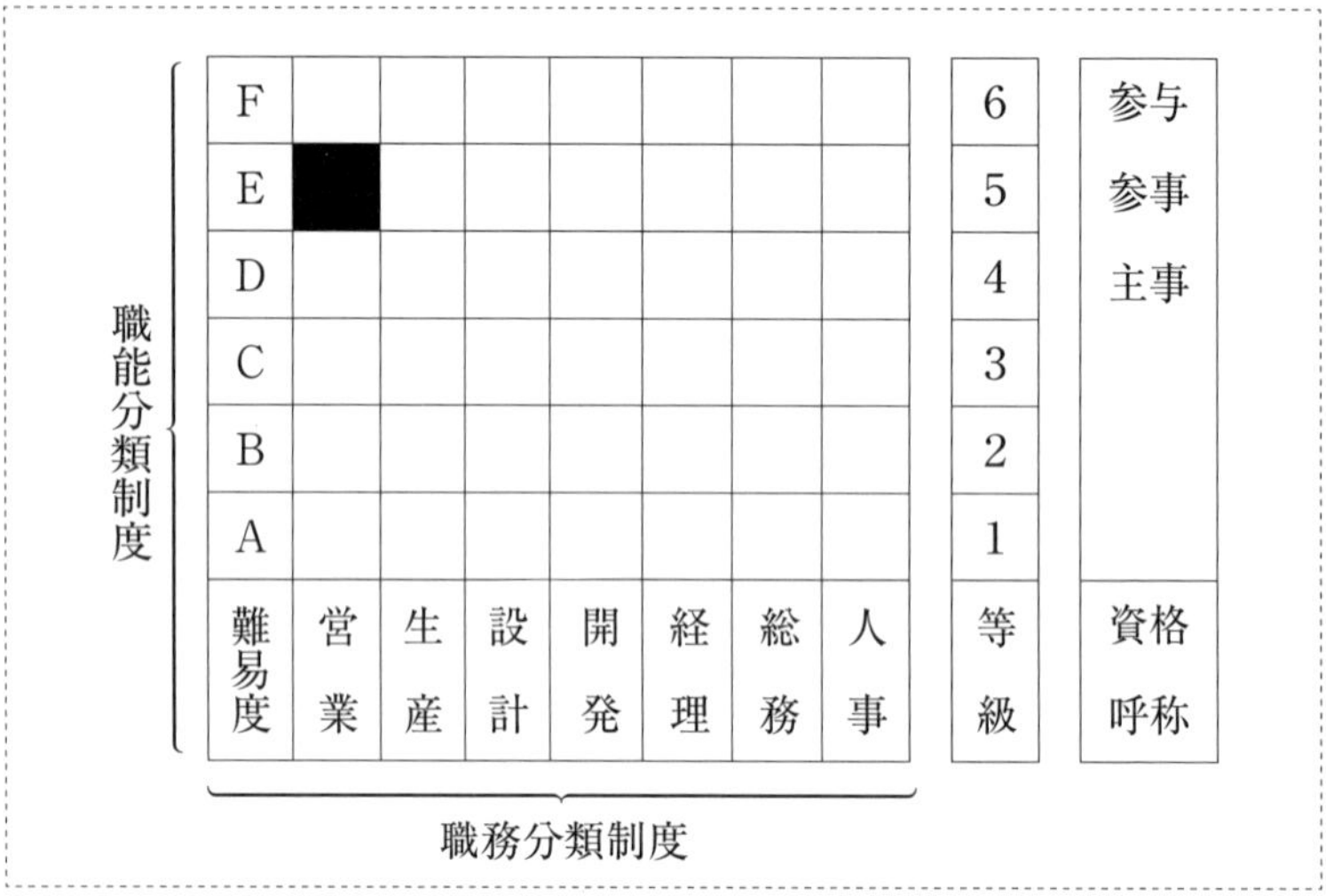

度の評価といいます。

○これを完全にこなすことのできるのは、主として何等級程度なのか――これによって仕事の位置づけがなされます。

○今、それぞれの仕事を、だれがどのように担当しているのか――これによって分担状況を把握します。

○どのような知識、技能があればその仕事はできるのか、またどのくらいの経験、どのような経験をつめば、上位等級へ進むことができるのか――これによって、初めて従業員の位置づけごとの、期待し求められる職能像が明らかにされることになります。

さて、以上の五つを把握するために、まず企業内の、営業、生産、研究開発、経理、総務、人事といった職種を編成——これは部門単位でもかまいません——します。このようにとりまとめた職種についてみますと、各職種には、難易度の高い仕事、低い仕事が、それぞれあるということです。そこである一定の難易度を決める基準を設け、各職種ごとに洗い出した仕事を分類し、整理すると、能力の開発、活用、処遇を行っていく上での目安ができあがります。このようにして各職種ごとの仕事を難易度別に分類することを職能分類制度といいます。

さらに職能分類区分に応じて資格等級、資格呼称を設定したものを、職能資格制度と呼んでいるのです。

ここで、前頁の図—(2)をみていただくと、職務分類——職種を横軸とし、職能分類——資格等級を縦軸としたマトリックスが出来上がっていますが、実はまだこのままの状態では一つひとつのマス目は、まだ空っぽのままであるわけで、このマス目の一つひとつに、企業が期待し求めるものを克明に書きこんでいって、初めて、わが社の営業五等級のものに、期待し求めるもの（図で黒くぬりつぶしたマス目）が明らかにされることになります。

図―(3) 職能要件

習熟要件	修得要件	職歴要件
こんな仕事を、このぐらいを書き出したもの（これは具体的仕事名〔課業〕として書き出す。課業一覧表から書き出す場合、代表的課業〔キータスク〕で書き出す場合がある）。	この位置づけ（等級）、または左の程度の仕事をする人として修得しなければならない、知識、技能の内容（これは読むべき図書、受けるべき研修、取得すべき免許、資格等、修得方法、手段で書き出す）。	左の習熟、修得要件を修得するに必要な最低経験年数。

こうして書き出されたものこそが、これまで、再三述べてきた職能要件（図―(3)参照）で、この職能要件は、マス目の一つひとつについて、すなわち職種別等級別に、とりまとめられることが必要となっています（注・職能要件を職種別等級別にとりまとめたものを「職能マニュアル」といいます）。

以上、大変おおざっぱなところがあったかも知れませんが、期待基準となる、職務基準、職能要件（等級基準）がどのようなプロセスで明確化されるか、と、その中身について説明した次第です。プロセスはともかく、その中身については、しっかり把握しておいていただければと思います。

2 人事考課の理論的編成

職務基準は、期待される個別の期待像であるから、この職務基準というモノサシによって、各人の仕事が、どの程度遂行されたか達成されたか、やったか、やらなかったかについての評価が可能となります。一方職能要件は期待される標準的期待像であるから、これをモノサシとすることによって、各人の位置づけにふさわしい能力のレベル（拡がりや高さ）にあるかどうかを評価できることになります。これによって明らかなように、それぞれのモノサシによって、評価する対象が決まるし、また、評価する内容やねらいによって、それにふさわしいモノサシを用いなければならないというわけです。この関係を示すと、図―(4)のようになります。

(1) 成績考課と能力考課の分離

そして、このような考え方に即して、考課する対象や内容に応じて、それを評価するにふさわしいモノサシで評価できるよう、成績考課と能力考課を明確に区分し、人事考課の

図—(4)

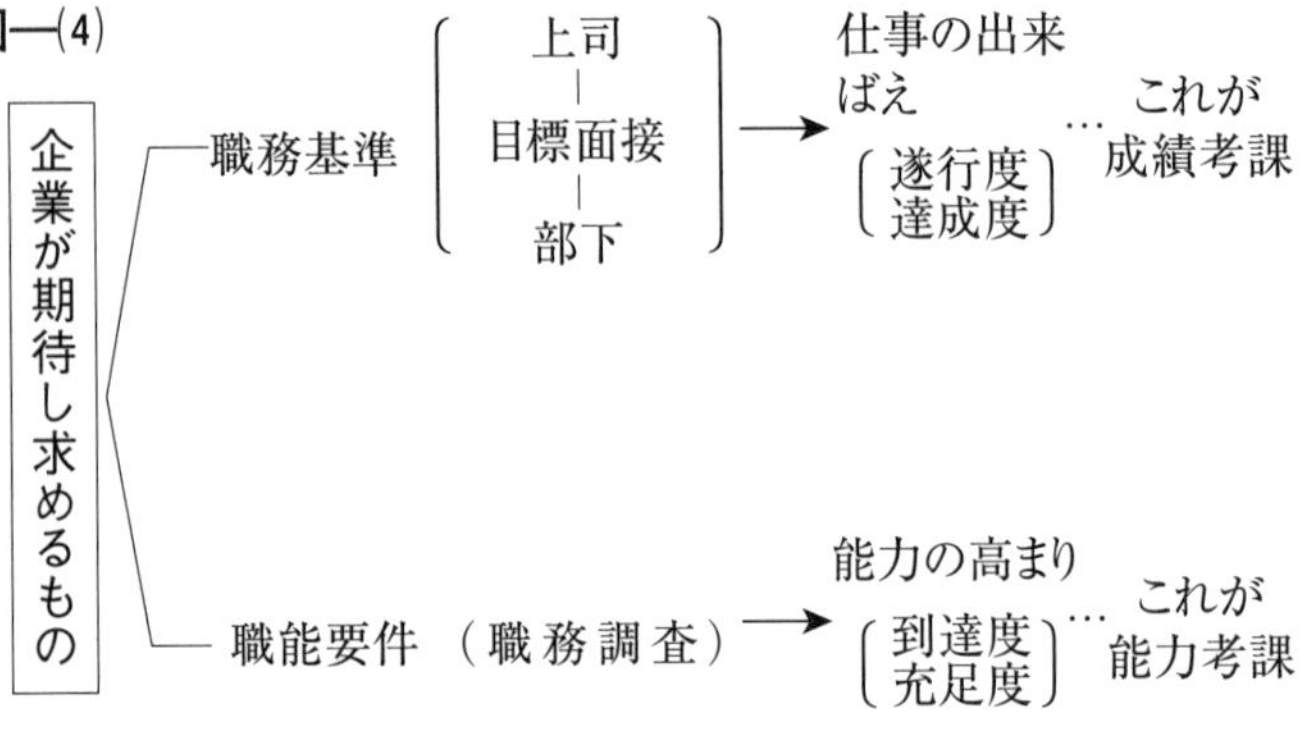

仕組みを理路整然とつくることを、人事考課の理論的編成といいます。能力考課と成績考課とでは、前者が能力の到達度をみるのに対し、後者は職務の遂行度をみるわけですから、両者の性格はおのずから異なります。このような性格の違うもの同士を、ひとまとめにして行ったのでは、考課する場合にとまどいがみられるでしょうし、とても的確な考課は難しくなります。

(2) 成績考課と業績考課の違い

目標面接で設定確認した職務基準をどのように達成したかの問われかたが違います。職務のレベルの高い低い、つまり役割の軽重に関係なくその達成度の評価を「成績」といいます。一方、業績考課ではこの役割のレベルが問題となります。（図—(5)参照）

例えば、甲さん、乙さんがいて二人とも職能資格は同じ五等級とします。甲さんには三等級レベルの仕事を、乙さんには資格相当の仕事を与えたとします。この時、二人とも期待通りの達成だとするならば、成績考課は甲さん乙さんとも「A」と評価されます。

しかし、業績考課では違ってきます。なぜならば与えられた仕事のレベルが異なるからです。述べたように成績考課では役割のレベルは一切問いません。これに対して業績考課では、役割の高さがその人の本来の職能資格に比べてどうであったかが加味されることになります。

業績考課＝成績考課＋（職務基準－等級基準）

この公式に当て込んで二人の評価をすると、

甲さんは「C」＝A＋（3－5）

乙さんは「A」＝A＋（5－5）

となります。

(3)　情意考課の適用

人事考課の種類として、以上の二つの種類を設けたわけですが、この二つの種類だけで十分でしょうか。人事考課は結果も重要ですが、より過程重視型でなければなりません。

図—(5)

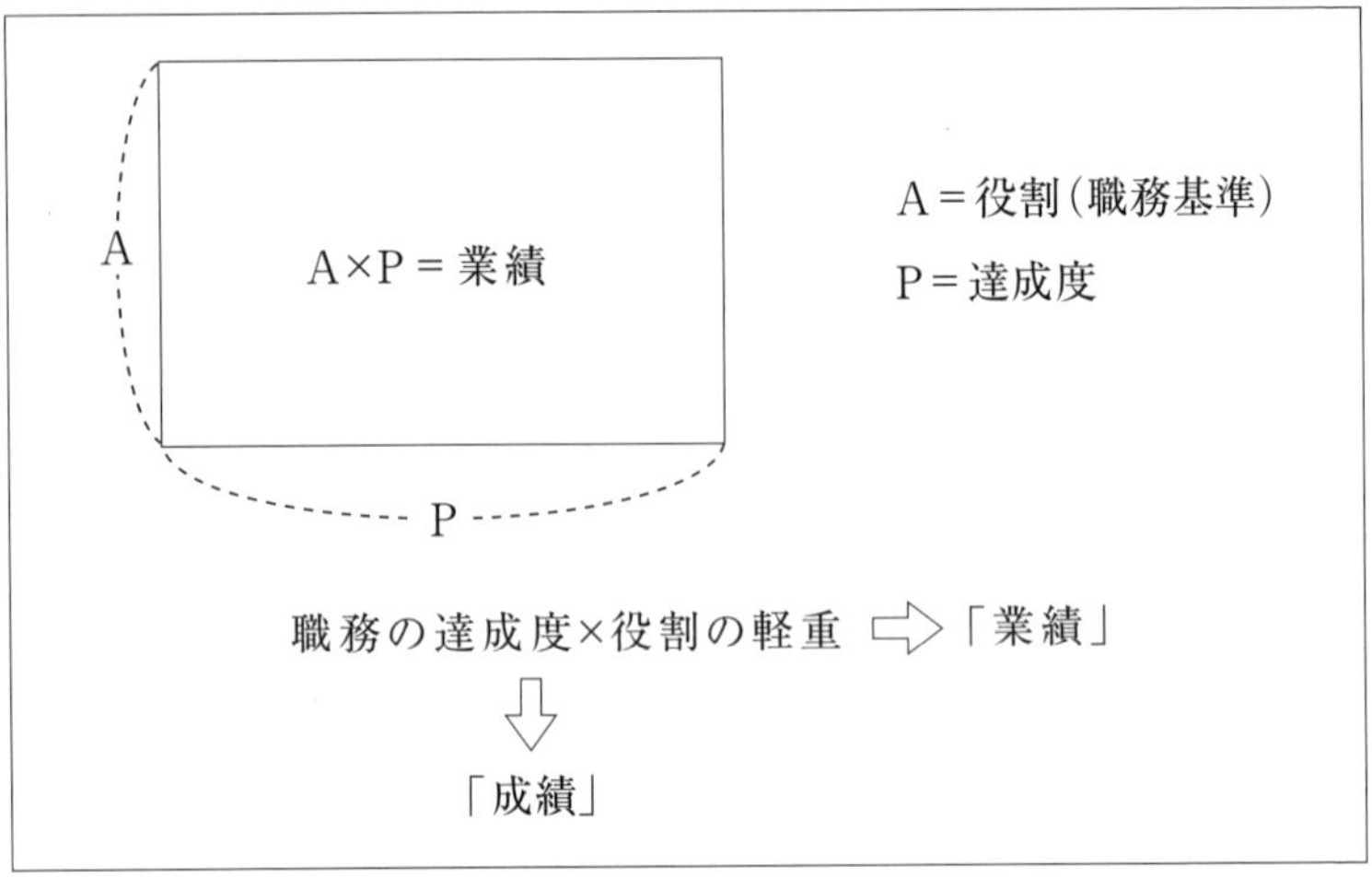

結果だけでなく、結果を生み出すに至った努力の過程をみることも大切です。

さて、その過程にあるもので、結果に大きく影響を及ぼすものは何か、それは、一般に情意といわれている気持ちのもち方、態度や心構えといった要素だといえます。仕事に取り組む姿勢であり、〝やる気〟です。〝やる気〟のあるなしは、仕事の結果を大きく左右することは周知されているとおりです。

そこで、結果に至る努力度はどうであったかをみるため、情意考課を行うということも必要です。

ところでこの情意は、組織人マインドでもあります。ご存知のように組織は、人の集合体であり、そこにいる人たち何人かで仕事を分担し合っているわけですが、そのような組織活動において、一人ひとりの仕事に対する姿勢や心がまえが、組織全体や個人の仕事の成績に大きく影響を及ぼすのです。したがって情意考課とは、組織人としてのあり方を問うものでもあるわけです。

そこで、組織人としてのあり方を問うものとして、どういうものがあるか。それは、次の二つに大別されます。その一つは、組織人としての絶対条件であり、もう一つは必要条件です。

積極性	協調性
規律性	責任性

絶対条件とは、組織の維持、防衛上必要欠くべからざるもので、規律性、責任性がこれに当たります。各人が組織のルールや規範を守らなかったり（規律性の欠如）、やるべきことをやらなかった（責任性の欠如）のでは、組織の崩壊につながります。

この絶対条件に対し必要条件とは、組織の拡大、発展のために必要とされるもので、協調性、積極性がこれに当たります。各人がチームプレー（協調性）を行ったり、改善や創意工夫（積極性）をしなければ、組織の活力は失われ、現状維持がいいところでしょう。

情意については、ここではいちおう四つにまとめてありますが、これ以外にも、原価意識、企業意識といった、各企業独自の期待するものがあってしかるべきです。

表―(3)　人事考課の理論的編成

	（基準＝モノサシ）	（対象）
人事考課の理論的編成	職務基準	成績考課・業績考課（仕事の達成度合）
	等級基準（職能要件）	能力考課（能力の充足の度合）
	組織人マインド（行動規範、ルール、態度，心構え）	情意考課（仕事ぶり，努力の度合）

(4)　各考課の成立条件

人事考課の理論的編成は表―(3)以上のとおりですが、理論的に編成された各考課が、成立する条件について、とりまとめておきたいと思います。

①　成績考課

成績考課の成立条件は、上司と部下の話し合い、相互確認で職務基準が設定されることにあります。いわば、話し合い、面接が成立条件ということになります。上司と部下がつど話し合うことによってこそ各人に期待し求められる具体的期待像――成績考課のモノサシとなる職務基準が明らかにされるのです。

②業績考課

業績考課は単なる達成度そのものをいうのではなく、これに職務基準のレベルが加味されることから、それなりの条件が求められます。まず、職務の選択や拡大

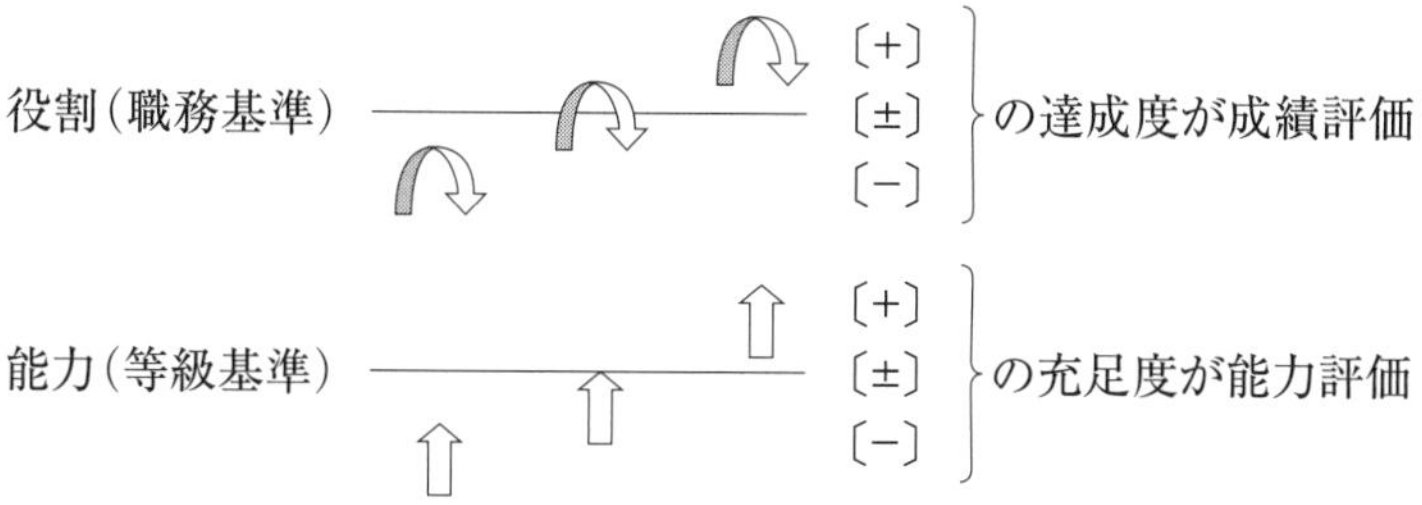

等級基準を
Ⓐ上回っている
Ⓑ満たしている
(到達している)
Ⓒ満たしていない
(到達してない)
をみるのが能力考課

職務基準に対して、
Ⓐゆうゆう跳んだ
Ⓑとにかく跳んだ
(バーを落とさなかった)
Ⓒ跳べなかった
(バーを落とした)
をみるのが成績考課

が本人の裁量として認められていることです。本人の意思によらず、上司の都合によって低いレベルの仕事をやらざるをえない場合には問題です。したがって職務の選択や拡大が制限されている場合は成績考課とすべきですが、自由である場合は業績考課を問うことも意味があり、むしろ当然といえます。例えば、営業部門、研究部門などはなるべく本人の裁量に任せたほうがよいし、管理職や専門職も、その位置づけからして業績考課が望ましいといえます。

③ 能力考課

能力考課は、部下の資格等級に相応する仕事を分担させることによって、等級基準をモノサシとしての能力考課が可能となります。したがって、なにはさておいても等級基準が必要です。次に部下が五等級の場合、三等級、四等級相応の仕事を支障なくやったからといって、それで位置づけにふさわしい能力があるとは考えられません。位置づけにふさわしい能力が備わっているかどうかは、位置づけ相応の職務をとおして初めて把握可能となるのです。そこで能力考課の成立条件は、等級に対応する職務を分担させることということになります。

なお、能力考課は、職務をとおしてみるわけですから、とりわけ職務遂行状況を、詳しく観察、分析したり、職務遂行過程でどのような指導をしたか、指導内容を記録しておくことが、条件に加えられるでしょう。観察、分析、記録は、目標面接カードや、別途、管理監督者ノート、部下指導表などに記入しておきます。

④ 情意考課

情意は、結果（成績）を生み出す過程ですから、成績考課と抱き合わせで——が条件となります。したがって、職務基準とともに、事前に具体的心構えの中身について確認し合っておかなければなりません。

その他、成立条件に加えておきたいこととしては、成績考課はつど、能力考課は比較的長い目で——という原則です。成績考課は、基準に対してやったか、やらなかったかをみるわけですから、つど実施することができます。したがって、最低、一年間に二回行うようにします。これに対して能力は、短期間に顕著な変化を示すものではありません。せいぜい一年に一回というところが、妥当なように思われます。

このことからも、成績考課と能力考課を分離することの意味がご理解いただけるのではないかと思います。

3　事態の改善

期待基準による絶対考課を行った結果については、部下にフィードバックし、今後の事態の改善に結びつけていかなければなりません。事態の改善を図ることによって、能力の開発と有効活用の途がなお一層開かれてくるからです。その意味からも、事態の改善の仕組みは絶対考課においては不可欠です。事態の改善は、①業務、配置の見直しと②能力開発に大別することができます。

まず成績考課の結果からは、職務改善と、ＯＪＴによる事態改善策が考えらます。部下の成績考課が思わしくない場合、一つには、現行の仕事の手順や、作業方法、職場環境等を改善することによって、成績の向上が見込めることもあります。そこで部下に改善提案させることによって、部下ともども、事態の改善に臨むように心がけます。部下自身に問題が感知される場合は、ＯＪＴにより解消を図るようにします。

能力考課の結果、思わしくない点があれば、それは等級基準（職能要件）に対し、不足することがあるわけですから、その不足するところを補うよう、Ｏｆｆ―ＪＴ（社内外研修）、自己啓発の援助などの方法により対応していかなければなりません。もし部下の成績、能力とも基準を満たしていたならば、次の新しい挑戦目標を考えることが事態の改善ということになるでしょう。

（考課結果）	（事態改善）	
成績考課	職務改善・能力開発	改善提案 ＯＪＴ
情意考課		
能力考課	能力開発・配置	Ｏｆｆ―ＪＴ 自己啓発 異動配置

そしてこの事態改善をつうじて、人事考課のＰ―Ｄ―Ｃ―Ａのサイクルをスパイラル

（螺旋状的）な状態で、その輪を拡げるようにすることが強く求められます。

4 面接制度

(1) 面接制度は人事考課の決め手

人事考課は、職務基準確認のための話し合い（目標面接）に始まり、事態改善のための話し合い（育成面接）に終わる――すなわち、話し合いに始まり、話し合いに終わるのが人事考課だといえなくもありません。ということは、話し合い――面接が、運用のカギを握っている、ということになります。それはまた、いかに人事考課の仕組みを表―(4)で見るように編成したとしても、それに併せて、面接の仕組みづくりをしておかないと、人事考課は適正になされないということでもあります。

(2) 目標面接のねらい

目標面接のねらいは、職務調査で明らかに

面接制度のフレーム

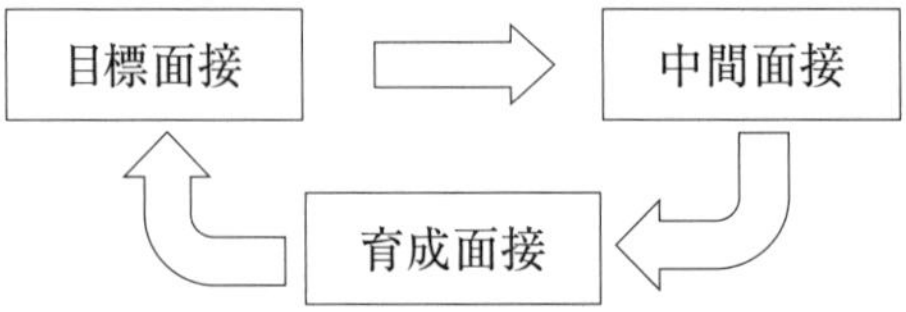

された、原則的期待像を、職場において、その時、その状況、その人に応じて、翻訳したり、更には今期の部門計画から考えての役割等について浸透徹底を図り、相互確認し合うところにおかれます。

原則的期待像は、職能マニュアルや課業一覧表として、会社的に統一されたシステムとして明確化されているとはいうものの、それはあくまで標準であり、そのままでは画餅同然です。その原則なるものを、時、状況、人に応じてブレークダウンし、浸透徹底を図り、別掲目標チャレンジカード（八六頁参照）へのとりまとめをするのが、目標面接です。目標面接制度は、原則的期待像を目標チャレンジカードへと翻訳していく機能であるわけです。

(3) 目標面接制度の仕組みのあらまし

目標面接制度は、人事考課の効果的運用のためにも、これを制度化することが望まれます。そして制度化するに当たっては、人事考課の場合と同様、その仕組みをしっかり組み立てることが肝要です。その仕組みをどう組み立てるかについては、いろんな方法があろうかとは

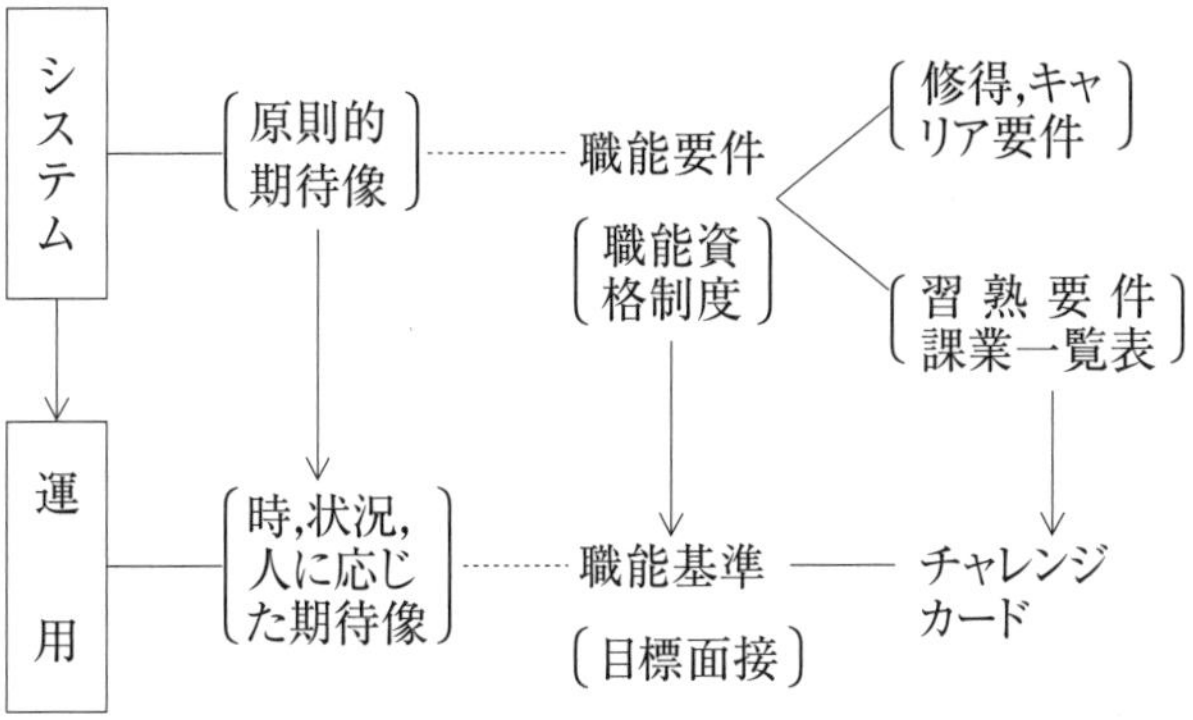

思いますが、その一つのモデルを紹介しておきます。

目標面接制度を制度化し、定着を図るには、まず仕組みそのものをがっちり固め、肉づけして規程化し、全従業員への徹底を図るべきです。また規程化と併せて、各フレームごとに、面接を効果的に進めるための面接者用面接マニュアル、被面接者用のマニュアルを、それぞれ作ることも必要です。目標面接制度については拙著「部下のやる気を高める目標の決め方」や「目標・育成面接ハンドブック」（経営書院刊）で詳しくふれておきましたので、ここでは概略を表―(5)にまとめておきました。参考にしてください。

表を見ればおわかりのように、一応四つのフレームとなっていますが、フレームの組み替えももちろんできます。各フレームには、それぞれ面接のねらい、面接に当たって考えなければならないポイントがあります。これらを十分に検討したうえで、面接に臨む心構えが求められます。

の 仕 組 み

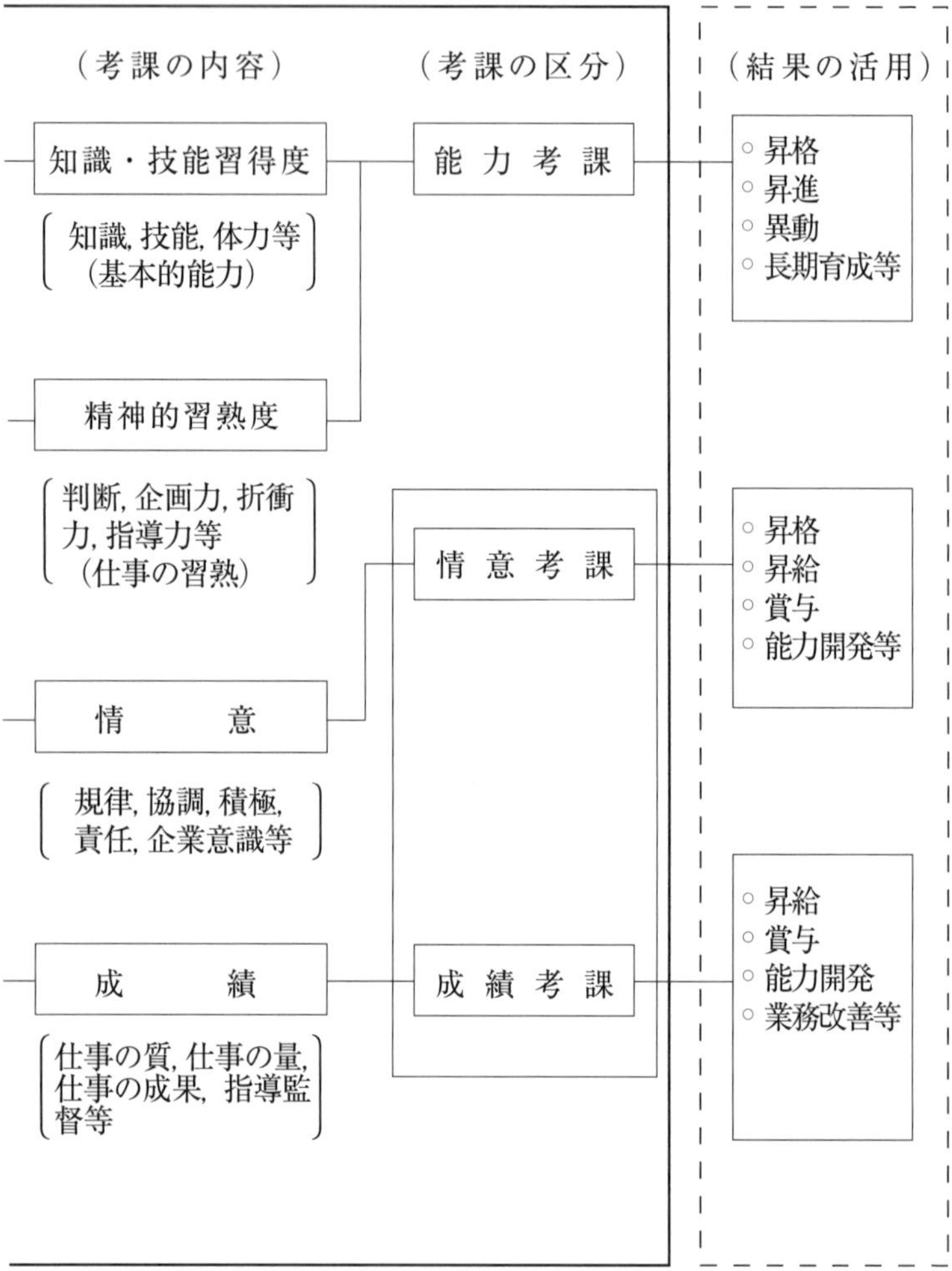
（考課の内容）
（考課の区分）
（結果の活用）
知識・技能習得度
知識，技能，体力等（基本的能力）
精神的習熟度
判断，企画力，折衝力，指導力等（仕事の習熟）
情　意
規律，協調，積極，責任，企業意識等
成　績
仕事の質，仕事の量，仕事の成果，指導監督等
能 力 考 課
情 意 考 課
成 績 考 課
○昇格 ○昇進 ○異動 ○長期育成等
○昇格 ○昇給 ○賞与 ○能力開発等
○昇給 ○賞与 ○能力開発 ○業務改善等

表—(4)　人　事　考　課

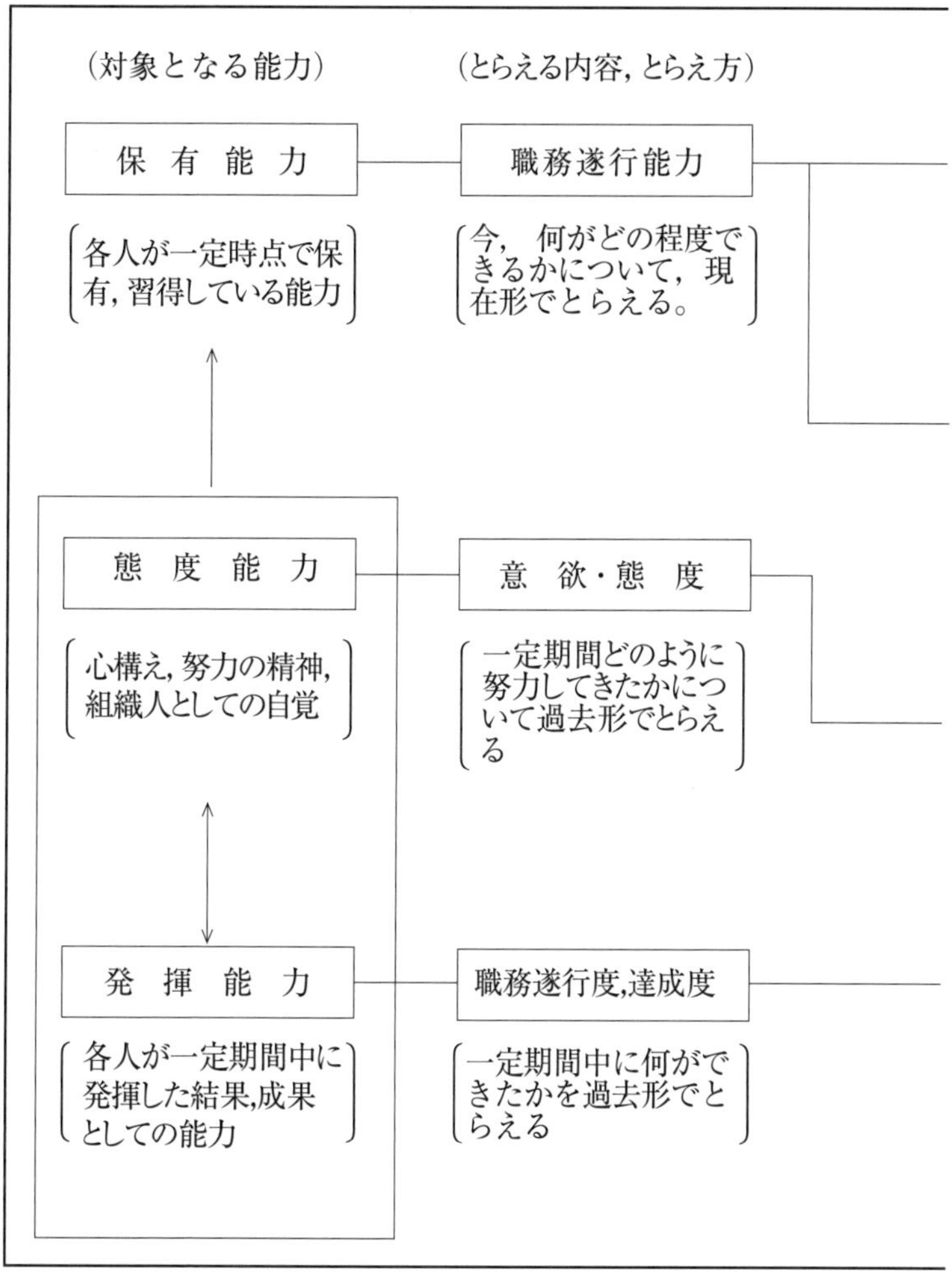
(対象となる能力)
(とらえる内容，とらえ方)
保有能力
各人が一定時点で保有，習得している能力
職務遂行能力
今，何がどの程度できるかについて，現在形でとらえる。
態度能力
心構え，努力の精神，組織人としての自覚
意欲・態度
一定期間どのように努力してきたかについて過去形でとらえる
発揮能力
各人が一定期間中に発揮した結果，成果としての能力
職務遂行度，達成度
一定期間中に何ができたかを過去形でとらえる

表—(5)　面接制度のフレーム

	① 事前面接	② 目標面接	③ 中間フォロー面接	④ 育成面接
面接のしくみ	情報の共有化を図る面接 →	職務基準設定確認のための面接 →	フォローアップ、中間チェック、問題解決、ＯＪＴのための面接 →	フィードバックと事態改善のための面接（→①へ戻る）
方法（原則）	全体会議（部門ミーティング）	個人面接	個人面接（グループミーティング）	個人面接
時期	月（②の事前）	月 月	随時	月 月 （②と併行も可）

面接のねらい	●会社部門目標に対するオーナーシップをもつこと。 ●方針の理解。 ●個人目標設定のガイドラインを明確にする（職責の明示）。	●個人の目標設定。 ●チャレンジ目標の説明と内容検討。 ●目標の合意、確認。	●職務遂行状況の把握、分析。 ●問題点の把握および対策の検討。 ●ＯＪＴ必要点の把握および実施。 ●中間チェックと進捗。	●目標達成過程の振り返り。未達の場合は原因分析。 ●職務改善事項の検討。 ●育成計画の検討。 ●次期目標設定への橋渡し。
ポイント	●職務遂行に関する情報は可能な限り収集。 ●業務計画、問題点等に対し、自分の意思、考えを述べる。 〔平素より、方針を徹底し、部下とのコミュニケーションを図っておくとこの面接にかかるウエイトは軽減される。〕	●業務遂行に伴う自分の考え、意思をもらさず話す。 ●権限の確認。 ●職務基準と等級のバランスを考える。	●問題解決は話し合ったうえで、自分が担当する分野と上司に依頼する分野をハッキリさせる。 ●絶対基準に対して、どうかをみる、調べる（行動の観察―分析―記録）。	●評価の具体的事実を確認する。 ●結果の良く悪しよりも、原因に目を向ける。 ●どうすればレベルアップにつながるかについて話し合う。 ●素直な心で臨む。

（注：フレーム②、④は同時併行実施も可能。その場合もフレーム①は必要。）

このような目標面接に対し、〝何をいまさら〟という批判めいたご意見もあるようですが、面接が定着し、実効を上げるまでは、ルール化するのもやむをえないかと考えます。ある上司はきめ細かく行き届いた面接をする、ある上司は面接に無関心では、能力主義人事の基盤はいつまでたっても固まりませんし、絶対考課も成立しません。

目標面接は、能力主義だけでなく人事制度全体の運用のカギを握っていると位置づけることができます。

5 公正な処遇のためのルール化

評価結果を処遇に反映させることは、人事考課の重要な機能の一側面であることには変わりありません。しかし人事考課（絶対考課）のねらいとするところは、あくまで、企業が求める職能期待像との差をなくしていくこと――育成――におかれており、処遇への結びつけは、結果の活用にすぎない点が特徴であるといえます。（図―(6)参照）

したがって、絶対考課は、基準の設定確認に始まり、それに照らしての観察、分析、そして評価し、評価結果のフィードバックをメインとして、このフィードバックで一区切り

図―(6)　重要さを増す上司の役割～人材マネジメント

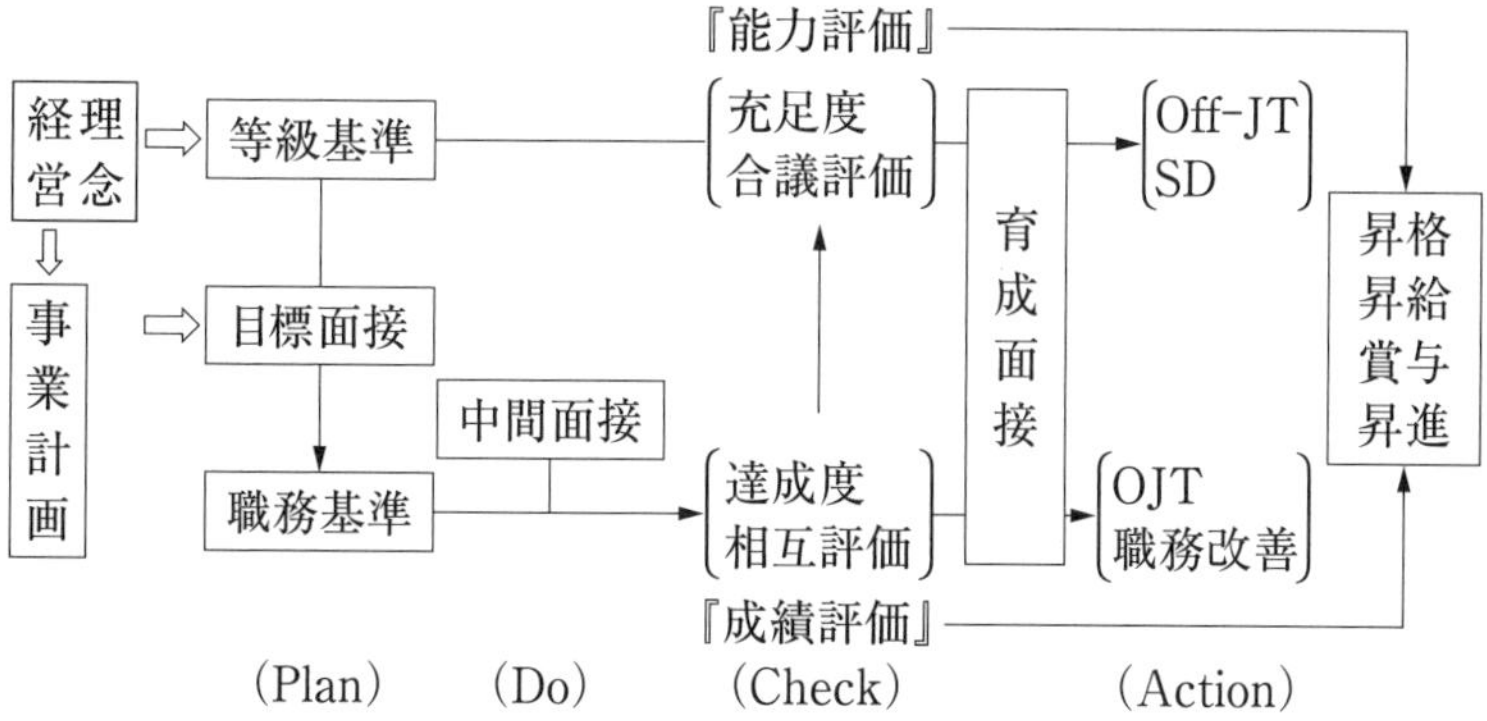

をつけるのが、育成型人事考課の第一の目的であると理解する必要があります。その結果の活用として、処遇への結びつけを図る、これが絶対考課のあり方というものです。人事考課は、昇給、賞与、そして昇格を決めるものといった考え方や、そういった運用をしている企業もありますが、それであれば相対考課でもよく、絶対考課であればそれはあくまで評価の活用として行うのが望ましい姿といえます。

したがって絶対考課とは、「絶対考課のフレーム」(表―(6))に示された評価――フィードバックが終わった時点までを、それはいうなれば、記録係というか、コーチャーとしての仕事に例えられるでしょう。これこそ部下をもつ上司の最大の役割で、これが労務管理の分野です、部下の能力をどう育成し、活用するか、どう働きがいを持たせるか、意識や態度をどうするかは人事部門ではできません。現場の上司次第です。

さて、一区切りついたならば、その結果をとりまとめ、賞品係である人事担当部門に提出し、それを処遇へ結びつけてもらうことになるわけでこれは人事管理の分野です。したがって、フィードバックまでの表（目標チャレンジ・カード）と処遇へつなげる集約表（人事考課表）は、区分することが必要です。

さて、この結果の処遇への活用ですが、これについては、いささかのあいまいさがあったり恣意的に運用されることがあってはなりません。結果の活用を処遇に結びつけるルールをあらかじめはっきり決めておき、それに準じて、処遇へのメリハリをつけるべきです。

つまりどの考課結果を、どの処遇へ反映させるかといったことを、前もってルール化し、あとはそれに従って処理していくことが望まれますが、その考え方は、それぞれの会社の政策によって違ってくるでしょう。

従来はとかくこのルールがあいまいだったため、よい成績を上げた人が昇給も多い、賞与もたくさんもらう、昇進、昇格も早い、といった具合に、一つが良ければすべてが良いといったことや、その反対に一つがダメならば、全部がダメという割を食う面があったことは否めません。そこで功績のあった人には禄を、能力のある人には地位を——といった、

図—(7)　成績・情意・能力考課の反映

	昇給	賞与	昇格	昇進	異動配置	能力開発
成績考課	◎	◎	○	○	○	◎
情意考課	◎	○	○	○	○	◎
能力考課	○	—	◎	◎	◎	◎

注：◎…重点的に活用
　　○…参考程度にとどめる

処遇に対する考え方をまず確立し、それをルール化して、不公平感を与えないものとしておく必要があるわけです。

評価を査定に、つまり処遇への結びつけ方をルール化する場合は、一般的には成績考課は主として昇給や賞与に反映させる。能力考課は、主として昇格や昇進に反映させるようにするのが妥当な考え方といえます。なお、考課結果については、このほかにも、異動配置、能力開発の面まで幅ひろく活用されることになりますが、これらをまとめると、上の図—(7)のようになります。ただし、これらはあくまでも一つの原則を示すものであって、ジュニアクラスの人とシニアクラスの人とでは、ウエートのおき方が、若干異なることは考えられます。

部下の勤労意欲を助長するためには、考課のルール、基準の徹底を図ることは、上司の重要な役割です。

ルールや基準が公開されることによって、人事考課もガ

のフレーム

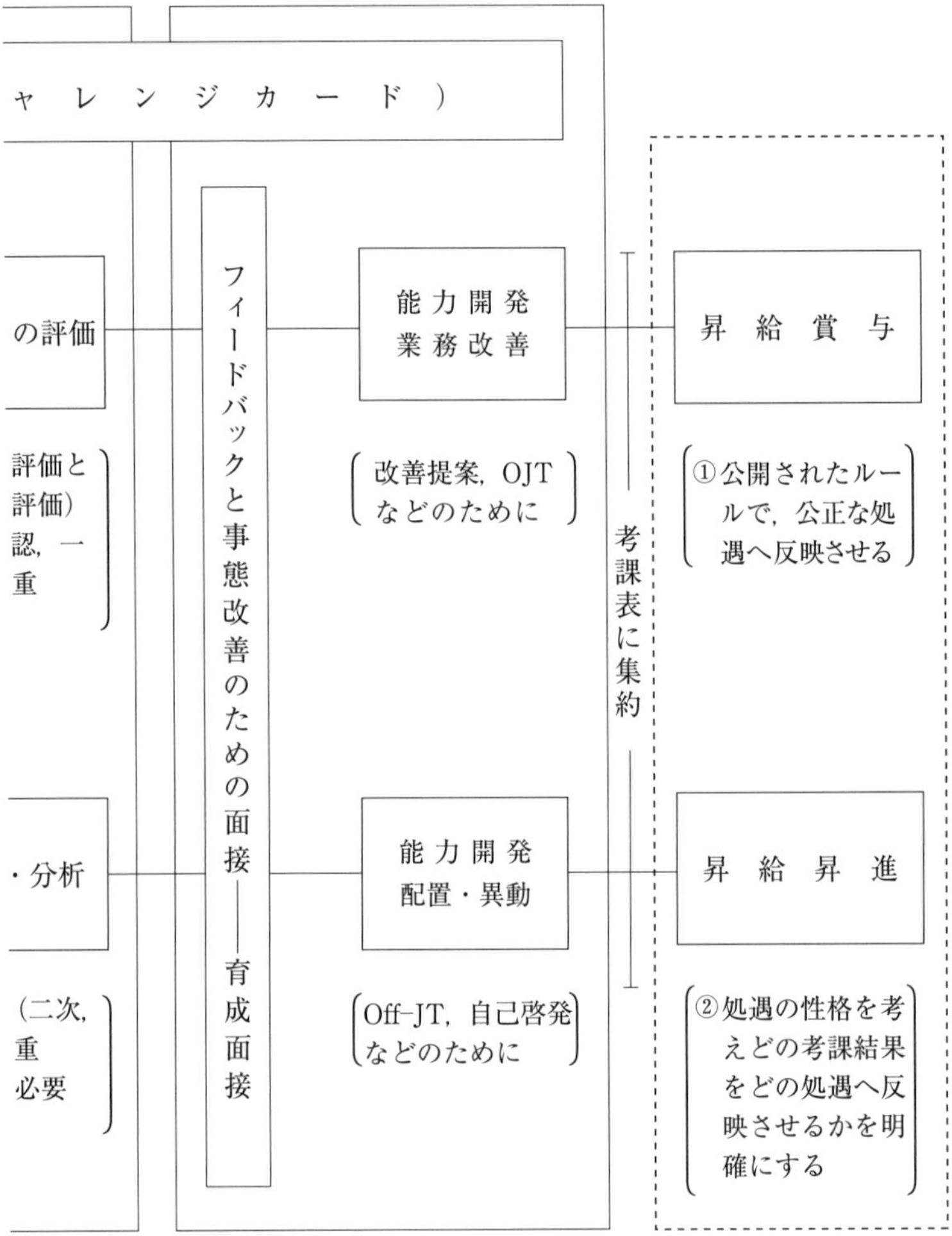

〔これがフィードバック〕　〔これが査定(処遇)〕

表—(6)　絶対考課

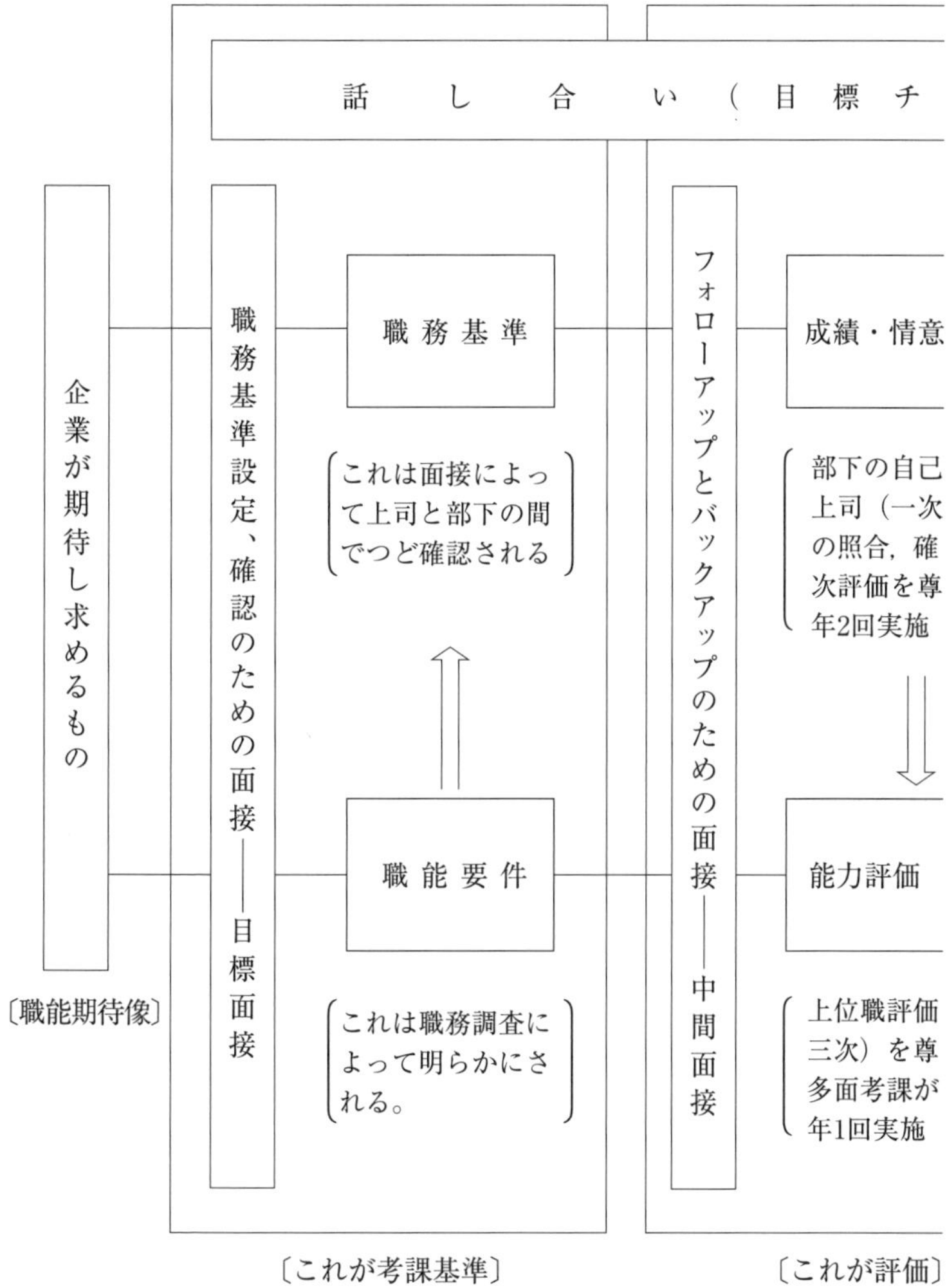
話し合い（目標チ
企業が期待し求めるもの
〔職能期待像〕
職務基準設定、確認のための面接——目標面接
職務基準
これは面接によって上司と部下の間でつど確認される
職能要件
これは職務調査によって明らかにされる。
〔これが考課基準〕
フォローアップとバックアップのための面接——中間面接
成績・情意
部下の自己
上司（一次
の照合，確
次評価を尊
年2回実施
能力評価
上位職評価
三次）を尊
多面考課が
年1回実施
〔これが評価〕

ラス張りのものとなり、透明性、納得性の得られる人事考課を目指して、一歩前進することになるのです。以上説明したことが絶対考課の仕組みということになります。

6 コンピテンシー評価（実力）と人事考課（能力）

(1) 能力と実力の違い

能力と実力とは、高齢化、構造変革が進む今日、必ずしも一致しません。そこには能力の陳腐化、体力・気力の低下、そして行動特性の劣化などがあるからです。能力は〝～ができる〟ですが、実力は〝～している〟という高成果実現のため行動といえます。

能力：～ができる（competence）↓職能要件
（どんな能力を身につけているか）
実力：～している（competency）↓コンピテンシーモデル
（高成果実現のためにどんな行動をとっているか）

表―(7)　アセスメント

	評価者	対象	期間
人事考課	上司	能力 成績 情意	単年度
アセスメント	部下，後輩 同僚，先輩 得意先 （多面的）	意思 適性 キャリア コンピテンシー （総合的）	３～５年間の分析 （動態的）

職能要件で期待される習熟能力と修得能力を評価する人事考課と、その能力を活かす行動力や行動特性を評価するコンピテンシー評価は明確に区分しなければなりません。

人が成果を上げるためには、保有能力がなければなりませんが、それを現に成果を上げるため、どう発揮していくかの行動も必要です。これがコンピテンシー評価です。コンピテンシーは高成果達成やバリューに必要な行動特性となるものですが、真のコンピテンシーを発揮するためには、その基となる保有能力の習熟と修得の知力の開発がまず必要です。

そこでは、その人の意思、性格そして将来性などを考えて適職に配置することが前提となります。そのためには、その人の能力向上に併せて、意思、性格なども把握していかなければなりません。それがアセスメントです。コンピテンシーがその役割で高成果を上げるための行動力ということならば、それは表―(7)で見るようにアセスメントの一環として位置づけるほうが適切です。

(2) **アセスメントとコンピテンシー**

これからの人材戦略で大切なことは各人の意思や適性、そして能力や実力を適切に評価することです。能力主義の能力の評価は事後評価の人事考課で可能ですが、成果主義となれば本人の意思、適性評価や実力評価など事前評価のアセスメントが必要となります。

人事考課は上司が部下を評価するだけですが、アセスメントは部下、同僚など多面的に評価します。また人事考課は1年ベースの単年度評価ですが、アセスメントは3～5年ベースで動態、傾向的な評価となります。さらに評価の多象も人事考課が能力、成績、情意を評価しますが、アセスメントは意思、適性評価やコンピテンシー評価など総合的な内容となります。

アセスメントに関する詳細は共著「人材成長アセスメント」（楠田丘、野原茂・刊）をご参考下さい。

第3章のまとめ

この章では、絶対考課の仕組みについて理解することにねらいがおかれています。まず絶対考課においては、期待基準の確立こそが先決です。期待基準とは、企業が期待し求める職能期待象ということになりますが、これは、職務調査をつうじて、課業一覧表や職能要件としてとりまとめられますが各人には目標面接によって、職務基準として具体化されることになります。

絶対考課においては、内容や性格も違い、評価のモノサシも違う成績考課と能力考課を区分し、理論的に編成せねばなりません。

各考課ごとには、それぞれ成立条件があり、成績考課は、話し合いによる基準の確認、能力考課は、等級に対応する仕事が与えられることなどが条件となります。

絶対考課は、結果を部下にフィードバックし、職務改善、能力開発を目指し、事態改善を図るところに、その意義をおいています。人事考課の運用のカギを握っているのは面接制度です。目標面接は、原則的期待像を部下に翻訳して徹底を図っていくことにねらいをおくものです。人事考課運用のカギを握るだけに制度化することが望まれます。

検討課題

- 成績考課、能力考課、情意考課の成立条件について整理してみてください。
- 目標面接制度のねらいは、本書で述べた以外にどんなことが考えられるか、みんなで検討してみてください。
- チャレンジカードと人事考課表が区分されていますか。

第4章

人事考課の実際

さて、それでは、人事考課を、実際にどのように行っていけばよいかについて考えることにいたします。

人事考課は、いうまでもなく考課する人の価値判断行動として理解することができます。人事考課を正しく行うには、何よりもまず正しい判断を下すことが求められます。誤った判断行動は、人事考課をゆがめたものとしてしまうからです。

そこで人事考課を行うに当たっては、正しい判断行動とは何かについて、十分な理解をしておかなければなりません。それと人事考課には、実施上のさまざまなルール（約束事）があり、これらの内容についても深く理解して、考課することが望まれます。

1　人事考課を正しく行うための三つの判断行動

図―(8)　３つの判断行動

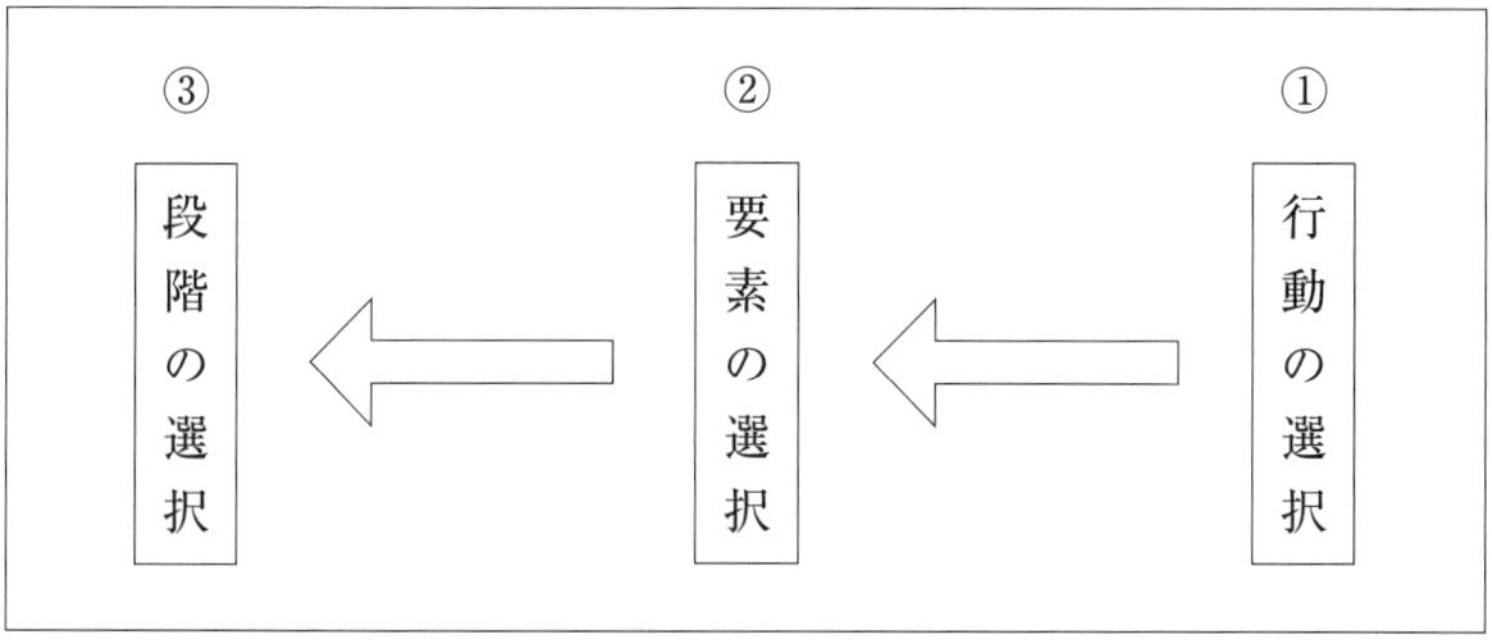

人事考課で、正しい判断を下すためには、次の三つの判断行動のプロセスに従って、考課を進めなければなりません。さてその三つの判断行動とは、まさしく人事考課の観察、分析、記録のプロセス行動であり、それは図―(8)の図式で表わすことができます。

人事考課は、この図式が示すように、①「行動の選択」という判断行動、②「要素の選択」という判断行動、③「段階の選択」という判断行動をたどって、観察、分析、記録がなされるということです。ここできわめて大切なことは、図式で示したように、必ず①から②の判断行動、②から③への行動へと進まなければならないということです。

ところが、この①②③というステップどおりに判断するということは、思うようにいかないようで、実際には③段階の選択から②要素の選択へ、そして最後に①行動の選択と進むことが時々見受けられますが、これなどは、明らかに誤った判断行動ということになります。正しい判断行動とは、あくまで図式①②③のステップに従っての判断を下していくことにあるのです。

それでは、それぞれの判断行動について詳しくみていくことにいたします。

2 行動の選択

(1) ファクト・ファインディング――人事考課の対象となる行動

人事考課の対象となるのは職務遂行行動であり、上司と部下で確認し合った職務基準に対する取り組み行動とその結果が直接の対象ということになりますが、部下の行動をありのままにとらえ、評価するものでなければなりません。部下の行動をとらえるには、部下一人ひとりの役割を記録するチャレンジカード、指導記録カードなどを整備しておくことも必要です。

人事考課における観察とは、考課の対象となる日常の行動を把握することであり、行動の選択とは、明らかに考課の対象となる事実を抽出することにあります。わかりやすくいえば、〝おや、A君（部下）があぁいうことをしたな、（あるいは、〜いったな）うん、あの行動は、人事考課の対象となるぞ〟を判断し、とらえていくことに他なりません。

そこで行動の選択は、常日頃部下を観察していて、初めてなしうるものです。部下の行動を想像したり、拡大解釈したりすることは、行動の選択上、絶対慎まなければならないことです。

とはいいながらも複雑な人間行動のことですから、一見して、見たままを事実として判断していいのかどうか迷うこともあります。そのようなときには、部下の行動を〝多分〜だろう〟といった具合に推測したり、勝手に解釈したりしないで、〝聞き取り調査（たずねてみる）〟をしたり、さらに入念に観察を続け、事実かどうかを確かめる必要があります。評価するためにはプロセスをみつめることです。

そして何よりも大切なことは、部下一人ひとりに興味と関心を示し、事実を見落とさないように、日々の行動に注意を払うことです。とはいえ観察することはしても、監視することをしてはいけません。観察とは、部下に個人的な関心を示し、温かく見守ることをいうのです。これに対し監視とは、上司の意のままに動かすよう、部下を威圧し、干渉するため見張る行為をいいます。この観察と監視がしばしば混同され、上司は観察しているつもりが、実は部下に監視されているという感を抱かせることがしばしばあります。部下に監視されていないと思わせるポイントは、部下のアラ探しばかりをしないで、むしろ部下の良いところを一つでも多く見つけようとする気持ちで、部下を見つめることです。アラ探しのための監視は、「差」をつける人事考課、査定型の相対考課の特徴を最もよく表わすものです。これに対し育成型の絶対考課は、部下の良いところを見いだし、それを伸ばすことに、より意義をおくものであり、観察はいわば、部下の隠れた腕を探す手段であってしかるべきです。

　行動の選択は、いうなれば、人事考課の出発点であり、行動のないところに人事考課は

成り立ちません。ましてや行動のないところに、規律性や責任性を問うことはできない相談です。人事考課はまず初めに〝部下の行動ありき〟で、それが出発点となります。

(2) 行動の記録

管理監督者の中には、〝とても忙しくて、部下の観察どころではありません〟ということをいわれる人がいますが、ただ忙しい忙しいと手をこまねいてばかりいないで、着眼点をよく整理し、それらをうまく活用すれば、多忙な中での行動の観察を効果的に進められるはずです。着眼点を観察すべきポイントのすべてというぐらいにまで充実したものとしておけば、その着眼点に従って、みる、調べる、そして〝話し〟をすればよいわけです。忙しければ忙しいほど、わずかな時間の中で、部下の行動を把握していく工夫がなされてしかるべきです。

部下の行動の観察と把握に関連してつけ加えれば、人間の記憶ほどあてにならないものはありません。そこで着眼点に従って把握された部下の行動は、一つひとつ記憶することはとてもムリなので、管理監督者ノートや部下指導表などがあれば、それにありのままを記録しておくようにします。人事考課における最大の失敗は、考課表が配られ、そこで〝さて、どんなでき事があったかな〟を思い出そうとすることにあります。これではありのままの行動の選択どころではなく、不鮮明な記憶をたどっての部下の行動のでっち上げをするようなものです。こうならないためにも、記憶が確かなうちに、必ずありのままを部下との面接の中で書きとめておくようにするわけです。ありのままに書くということは、具体的に見たままを書くことであって、一般化した書き方、抽象的な書き方を避けることです。一つ例をあげると、

○抽象的な例――

〝A子さんの受付応対がまずくて、来客からクレームがついた〟

○具体的な例――

〝六月一〇日　定時直前、○○商事仕入部長が来社されたとき、A子さんが応接室に案内したまま、定時と同時に帰社してしまった。仕入部長はだれも応待に出なかったのでそのまま帰り、翌日支店長宛、苦情の電話があった〟

具体的に書くとなると、少し長くなるかもしれませんが、抽象的な例のような書き方をすると、しばらく経てば、A子さんの応対がまずかったとは、一体どんなことだったのか、あのことだったのか、それとも……、また、クレームとは一体何であったかと、思い出すのにひと苦労することにもなりかねません。それに正しく記憶をよみがえらせることがで

きればよいのですが、それができない場合は、もうその行動を人事考課の対象から外してしまうか、または、多分……であったであろうで、処理せざるをえなくなってしまうでしょう。これでは記録してもしなくても同じことになってしまいます。しかし、具体的に書きとめておくと、多少時間が経過した後でも、ああ、あの時のあのことかと容易に思い出すことができるのではないでしょうか。ありのまま、すなわち真実を書きとめるとは、以上のようなことをいうのです。

さらに書きとめる場合は、評価的な内容を書き添えないことです。まずい処理の仕方をしたとか、応対の仕方がまずかったといった、なにがしかの評価を示唆するような書き方は極力避けるべきです。

まずい処理の仕方をしたと書くよりも、二度失敗して書き直したと書くようにすればよいわけです。

(3) 取り上げるべき行動の範囲

人事考課は、あくまで職務遂行行動を対象とすべきであると述べましたが、この職務遂行行動の範囲となると意外とわかっているようでわからない、そして同じ企業内でも、そのとらえ方がバラバラである、といったことがあります。次を考えてみてください。ここに五つの部下の行動があります。

○彼は、会社主催の秋の運動会に出なかった。

○彼は、時間外のQCサークル活動に、一度も欠席したことがない。

○給料日か、その翌日あたりに、彼へ、飲み屋から支払催促の電話がかかってくる。

○会社からの帰途、彼は同僚の一人を口論の末なぐった。

○昼の休み時間、目の前の電話が鳴ったが、彼はそれを取ろうとしなかった。

以上五つの行動のいずれが、果たして人事考課の対象となるか考えてみてください。

一般論として述べますと、これはもう何度もいっているような、職務遂行行動に直接かかわりのない行動は対象とすべきではないということですが、しかしそれらの行動が、なんらかのかたちで、組織や、個人の職務に支障を及ぼす事実があれば、それは対象とすべきだということになるでしょう。

しかし、このあたりになると、企業によって、従業員に対する期待像や行動規範についての違った見解があろうかと思われます。忘れてならないことは、一つの企業内で、ある部長さんは、部下がケンカをしたことを対象としたが、ある部長さんは取り上げなかった、という事があってはならないということです。大切なことは、考課者全員が等しく、これらについて同じ考え方をもって考課に臨むことです。そこでこれらについて、ふだんより考課者間の意思統一を図る努力をしておく必要があります。後で紹介する考課者訓練においては、実のところ、これらの取り上げるべき行動とその範囲についての徹底した意見の交換と、相互の確認をするわけですが、考課者訓練をするしないにかかわらず、なんらかの手段、方法で、企業内の統一した考え方の確立を目指すべきです。

人事考課は、〝初めに行動ありき〟で、具体的行動の事実のないところに人事考課なし――ということと併せて、人事考課には該当する行動の範囲があることを理解しておかなければなりません。

それともうひとつ、行動の選択と関連して、人事考課はオールマイティではないことを心得ておく必要があります。次の図―(9)をみてください。

人の能力のカテゴリーは、Ⓐ、Ⓑ、Ⓒ、Ⓓの四つでとらえることができます。つまり、この四つの領域について把握することが、人間のもつ可能性をすべて明らかにすることになるわけです。

さて、人事考課によって、この四つの領域のいずれがとらえられるものであるか。――それはⒶの領域についてのみです。もちろん部下の行動の観察、分析をつうじて、Ⓐ以外の領域をかいま見ることもできますが、人事考課が職務を媒体として能力をみていく以上、Ⓐの領域についての把握のみが可能と考えるのが、正しい考え方といわなければなりません。これでおわかりのように、人事考課はオールマイティではないのです。人事考課で能力のすべてを見きわめようとすることには無理があります。

図―(9)「人」の能力のカテゴリー

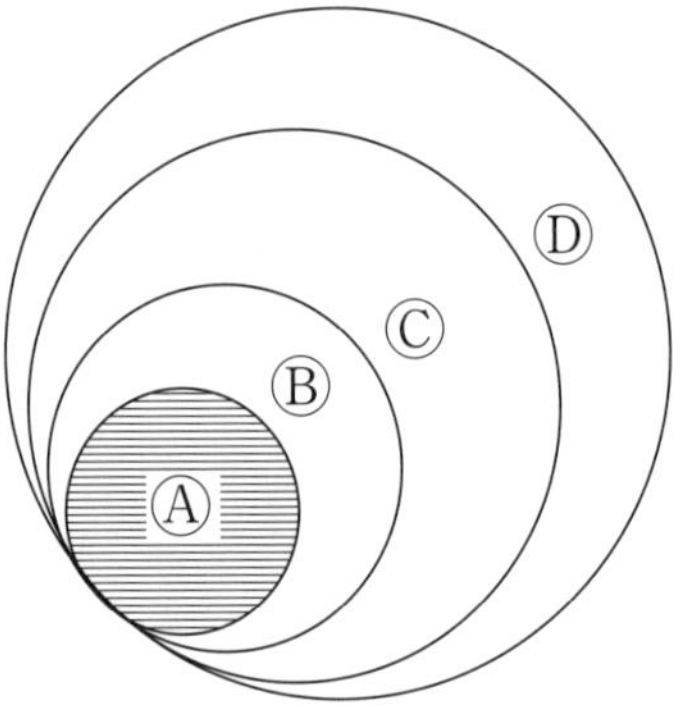

Ⓐ――日常の仕事の遂行を通して発揮された能力。

Ⓑ――企業の一員として何ができるかといった能力で、保有する職務遂行能力の全般。

Ⓒ――"人"として何ができるかといった保有する全人格的な能力。

Ⓓ――将来何ができるかといった素質・性格を含む適性。

われわれが、取り上げようとする人事考課は、このようにおのずから限界があり、その限界について十分理解しておくことが、人事考課を実施していくうえで、特に行動の選択において大切です。そうでないと人事考課に過度の期待をもつというあやまりをおかすことになるからです。

それでは他の領域については、いかなる方法で把握していくか、ということでありますが、その一つの方法として、適性検査であるとか、筆記試験、あるいは面接考査など、さらには、ジョブ・ローテーション、自己申告など、多面的に評価を行うことが考えられます。また、コンピテンシー評価やアセスメントなども、その一つです。

人の能力を把握し、そして有効に活かすには、人事考課を含めて、多面的に評価を行うべきであることを、心にとめておいてください。

(4)　行動の選択と考課期間

人事考課に関する規程類や考課表の中に、〝考課期間自○年○月〜至○年○月〟とか、〝○年○月から○年○月の期間について考課してください〟といった記述がありますが、これは大変重要な事項です。この期間がもつ意味についても正しく理解しておくことが求められます。

① 成績、情意考課の場合

成績と情意については、当該期間内における成績や情意がどうであったかについて、そのパフォーマンスをありのまま分析、評価することが求められるべきであって、その期間終了とともに、精算するという考え方に立つことが必要です。つまりその期間が終われば、いったん白紙の状態にもどし、次の期間は、次の職務基準や就業上、服務上のルール等にのっとって評価していくべきです。特に成績にあっては、当該期間は一精算期間にしかすぎません。つまりその期間内における成績はどうであったかを問わなければならないのです。

これも重要な行動の選択上のルールの一つであり、このルールをおろそかにすると、ある部下が一度大きな失敗をすると、そのことがその会社にいる限りついてまわり、その後その部下がいくら頑張ってみても、失地挽回することができなくなってしまいます。仮にもし部下が前期に大きなダメージを会社に与えた場合、最低の評価をされることによって、前期でそれはあがなわれたわけですから、それはきれいさっぱりと、その時点で水に流すべきです。これをそうしないと、部下は努力することをあきらめてしまうでしょう。

多少適切を欠くいい方かもしれませんが、ひと夏の経験をいつまでもじくじくいわない

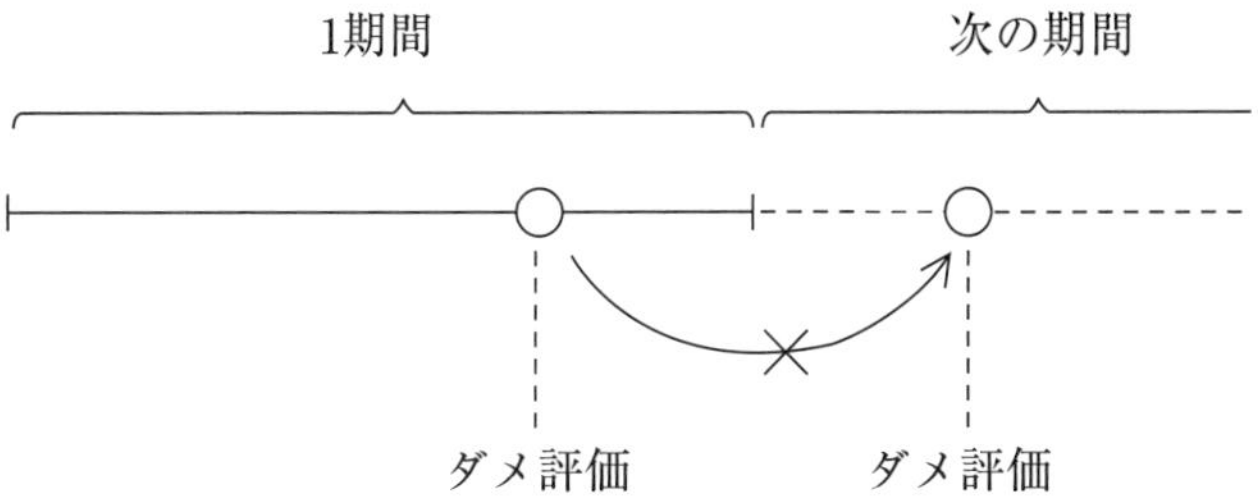

ということです。清算は敗者復活戦と同じことです。一度つまずけば二度と起き上がれなくし、あたら人材を失ったり、埋もれさせてしまっては、なんにもなりません。部下は失敗や過ちが清算されることによって、努力する気を起こすことを肝に銘じておくべきです。

② 能力考課の場合

能力のレベルアップは比較的長期を要し、短期間では目にみえて伸長がうかがえるものではないのが普通です。いうなれば一年がかり、二年がかりで変化がようやく認められるといった傾向を示します。

そこで能力考課については、連続性の中で分析、把握していく必要があるわけです。これが成績考課との性格上の大きな違いです。そこで能力考課は、一定期間が経過し、その期間が終了する時点での、到達度や充足度を連続性をもってみていくものとしなければなりません。

そしてさらにそれを次の期間へと、発展させていくような目でみることが、評価上必要とされるのです。成績考課はつど精算しますが、能力考課は、次の期間、さらに次の期間へとつなげていく、連続性をもたせていく。能力考課における期間は、まさしく能力の発展段階を意味することを忘れてはなりません。

このような能力の変化の特性を理解していませんと、四月の時点で基準に対してまずまずと評価した能力考課を一二月の時点で基準を下まわると評価するあやまりをおかす結果になるのです。どう考えてみても半年やそこらで能力が下がるなどとは、とても考えられないことです。能力は経験（それは時間の経過でもあります）の積み重ねで、徐々にではあっても、上がりこそすれ、ふつう、下がるということはありません。

以上のことから能力考課は比較的長期にわたってみていくのが適切であり、したがって考課期間は短くて年一回、場合によっては二年に一回、その時点での到達度をみるようにするのが望ましいといえます。

3 要素の選択

人事考課の対象となるべき行動、取り上げるべき行動が把握されたならば、次はその行動をどの評価（考課）要素で評価していくかを判断します。これを要素の選択といいます。

まず、その取り上げる行動がはっきりととらえられ、次にその行動を情意でとらえるか、また、能力でとらえるか、さらには情意のなかでも、どういう要素でとらえるか、協調性でとらえるか、責任性でとらえるか。これが要素の選択といわれている判断行動です。

要素の選択については、まず要素についての定義の理解が先決です。次に評価要素にはどのようなものがあるか、一般的なものを書き出してみることにします。

(1) 要素（評価、または考課項目）とは

要素――すなわち評価要素とは、成績、情意、能力をとらえていくうえでの指標となるものであり、成績や情意、能力の明細区分でもあります。それらのごく一般的なものをあげると次のようになります。まず考課の種類または区分として、

○成績
○情意
○能力

の三つ。さらに能力については、

○能力
- 基本的（修得）能力
- 習熟能力
  - 課題対応能力
  - 対人対応能力

に分けて要素が構成されます。次に各区分ごとの評価要素には、次のような考課要素（項目）があります。

○成績考課
- 仕事の質
- 仕事の量
- 仕事の成果
- 指導、監督
- 統率、調整
- 課題、重点目標達成
- 業務改善
- 合理化推進　など

○情意考課
- 規律性
- 協調性
- 積極性
- 責任性
- 企業意識
- 原価意識　など

○基本的能力
- 知識
- 技能（術）

○習熟能力
- 理解力・判断力・決断力・創意工夫力・企画力・開発力
- （課題対応能力）
- 表現力・折衝力・渉外力・指導監督力・管理統率力　など
- （対人対応能力）

行動を的確に要素に結びつけていくには、各要素の定義（内容、意味）について十分に確認し、定義に従って選択することです。

この定義に対する理解がされていないと、情意の責任性でとらえるべきところを、積極性でとらえるというミスをおかしてしまいます。あらかじめ自社の定義がどうなっているかをよく確認しておいてほしいと思います。

複雑きわまりない人間の能力にスポットをあて、どのように要素化するか、これについては、唯一の絶対的な分け方というものは、いまのところ見あたりません。したがって各企業において、能力というものを把握していくうえで、それぞれの考え方によって分類したり、項目化することとなるわけですが、経験的にいって、まず例示程度の分類で考課は十分果たせると思います。

企業によっては、習熟能力に類するものだけでも一〇項目、あるいはそれ以上に分類されているところもあるようですが、能力を細分化し、より厳密にとらえていこうとする考え方もわからないではありませんが、あまり分類を多くしても、考課する場合にかえって混乱し、ハレーションなどの、考課エラーを招く原因ともなります。

評価要素を決めるに当たっては、組織における位置づけによって、要素の適用を決めるべきです。

職能要件に準じて、当該クラスの位置づけ能力を把握するのにふさわしい要素とその表現を選ぶようにすべきです。

例えば、入社間もないジュニアクラスの成績考課は、「仕事の質」「仕事の量」という二つの面からとらえることもできるでしょうが、これがシニアクラス、あるいはマネジメントクラスの複雑な判断を要するような仕事になると、どこまでを量でとらえるか、または質でとらえるか区分しがたい面が出てきます。

つまり、質、量それぞれの面から成績をとらえることができる仕事もあれば、質、量に分けてとらえることが適切にできず、成果（結果）として問うほうが、成績を判断しやすい仕事もあります。

また組織の中の位置づけによって、期待基準は当然違ってくるはずです。例えば、マネジメントクラスになると、部下の指導、監督、部門内の統率、部門間の調整といった期待基準が求められるのに対し、ジュニアクラスでは、これらが期待基準として求められることは、まず考えられません。

そこで位置づけや、位置づけに対応する仕事の内容によって、位置づけに応じた評価要素やその表現を適用していかないと、職務・職能とかけ離れてしまった実態にそぐわない成績考課や能力考課になってしまいます。

次に、評価要素の定義については、みなさん方はもとより、みなさん方の部下にも徹底を図り、理解しておいてもらうと、部下が自己評価する際に便利ですし、考課結果をフィードバックするときも、双方の考え方にくい違いが生ずることが避けられます。

むしろ、人事考課の主旨からすれば、評価要素の意味するところについて、管理監督者はもとより、部下を含めて、共通の理解と認識をもつことが必要とさえいえるのです。

定義については、あくまで、その企業における最大公約数的な考え方として、とりまとめるべきであり、いったん決まった定義の内容については、全員がそれを遵守すべきです。定義がいわんとするところを素直に理解するよう自戒して臨まなければなりません。そこに〝オレの考え方は、いささか違うぞ〟といったものが入り込んではならないのです。これが入り込んでしまったのでは、絶対考課は崩れ、主観やイメージによる考課へと逆戻りしてしまいます。

定義の遵守こそ、組織人としての態度、心構え、まさしく情意考課の対象となるものです。定義がどのような理由で決められようとも、組織の決定機関でいったんそう決められたものについては、多少の個人的異存があっても、それに従う度量がなければ、絶対考課の基盤は崩れ去ってしまいます。定義の問題点を問題点として指摘することと、その定義を適用していくこととの切り離しができなければ、考課者たる資格に欠けるといわざるをえません。もっとも定義などというものは、いくら考えたとしても、十分満足、納得のいくものをつくり上げること自体が無理ともいえるのです。とにかく定義は、その時点における一つの決まり事であり、申し合わせ事項ですので、全員が共通の理解に立つことが先決です。

(2) 評価する際の着眼点

実際に考課するに当たっては、定義内容の徹底した理解と併せて、評価するに当たっての着眼点を、あらかじめ用意しておくと、評価を効果的に進めることができます。

人事考課は、職務を介して行うものであり、職務の遂行過程と結果に表われた行動一切が、いわば評価の対象となるわけです。そこで数ある職務遂行行動のうち、どのような行動がどの要素に結びつくものであるかを、前もって整理し、着眼点として整理しておくと考課がやりやすくなります。

ところでこの着眼点は、各部門に共通するものもありますが、仕事の内容が違えば当然のことながら、その部門や職場に固有なものが考えられます。そこで全社共通の着眼点とともに、考課者の所属する部門や職場に応じて独自のものを抽出しておくことが必要かと思われます。各要素ごとに、自分の職場ではどのような着眼点となる行動があるかを、考課者相互の意見を調整しながらとりまとめ、共通の理解に立ってその活用を図るべきです。なお、これら着眼点の一般的、共通的なものについては、各要素ごとに、別に、拙著「人材評価着眼点シート」（経営書院刊）にまとめてありますが、その一部を例示（表―(8)）しておきます。

(3) 要素の選択をする際のルール

次に、留意すべきことは、行動の選択から要素の選択へと進むべきところを、要素の選択から行動の選択へ進むという判断行動のあやまちをおかさないようにすることです。つまり規律性について評価するために、規律性に該当する行動探しをする判断行動のことです。まず、要素を念頭に入り、それからその要素にあてはまる行動探しをやりはじめると、それこそ後で述べるハロー効果やイメージ考課といった、考課上、絶対避けなければならないエラーをおかすことになります。

行動を要素に結びつける際には、いくつかの約束事があります。次にそれを説明いたします。

① 一つの行動は一つの「要素」で

選択した行動を要素に結びつける場合、一つのルールを設け、正しい評価が行われるようにします。そのためのルールとは、ある選択された一つの行動は、必ず一つの要素に結びつけるようにする。これが、ルールの第一です。

要素別定義（例）

区分	考課要素	定義
情意	規律性	日常の服務規律の遵守の度合い
	協調性	チームの一員としての他人の守備範囲に対する行動の度合い
	積極性	改善提案、継続的なチャレンジ、自己啓発など今以上といった意欲、姿勢の度合い
	責任性	自分に与えられた守備範囲に対する姿勢
	企業意識	幹部としての自覚、経営者的視野に立っての行動の度合い
	原価意識	コストに対する関心を常に示し、ムダ、ムラ、ムリの排除に取り組む姿勢の度合い
績	仕事の質	仕事の仕上り程度、結果の質的できばえ
	仕事の量	仕事を遂行した結果の度合い、量的な充足度
	仕事の成果	与えられた仕事の成果、効果
	指導、育成	下位職者の知識、技能の向上、動機づけ、意欲向上の成果

成	統率、調整	他部門との意見調整を図り、組織の効果的運営に貢献した度合い
	課題（重点目標）達成	部門目標（成果）の達成度
基本的能力	知識	当人が格付けされている等級に期待し求められている知識――知っている内容
	技能（術）	当人が格付けされている等級に期待し求められる技能（共通、関連、専門、特定技能を含む）、仕事の手なみ、腕前、技量
課題（問題）対応能力	理解力	仕事の状況や状態を的確に把握する能力、指示内容や意味、意図を正しくとらえることのできる能力
	判断力	情報の取捨選択能力、情報を比較したり、識別、評価、総合化したり、状況、条件に適合した仕事の手段、方法を決めたり、変化への適切な対応措置ができる能力
	決断力	部門目標を達成するため、あるいは特命を受けて、数ある代替案の中から有効なものを選び、決定実行する能力
	創意、工夫力	担当する仕事の方法、手段等について、自ら改善しうる能力
	企画力	職務を遂行するため、その方法、手段を効果的にとりまとめ、展開しうる能力、および創造的アイデアを現実的、かつ具体的にまとめ上げられる能力
	開発力	将来の予測、見通しに立ち、担当する分野における、全く新しい方法を創案し、具現化に向けて展開しうる能力

対人対応能力	
表現力	口頭または文書により、伝達しようとする意思、目的や、報告すべき事項を的確に表現しうる能力
折衝力	仕事を進めるうえで、他人と折衝し、自分の意図、考えを相手に伝え、理解、納得させる能力
渉外力	組織を代表して社外の人と接し、協力、理解をとりつけられる能力
指導、監督力	下位者に業務上必要な知識、技能を向上させるため、適切な指導をし、仕事上の指示ができる能力
管理、統率力	下位者の信頼を得て、組織全体を協力的な関係にとりまとめ、目標達成に向けて、下位者のもてる力を最大限に引き出せる能力

例えば、〝朝、出勤したときのあいさつを毎日きちんとしている〟という行動をとらえて要素に結びつける場合、毎朝ハキハキと気持ちよくあいさつしているのであるから、規律性に優れている。明るい声であいさつすることで、職場のよいふんいきづくりに貢献している。だから協調性もいい。それに積極的に自分からあいさつするあの姿勢は、優れた積極性の表われである。といった具合に、朝のあいさつという一つの行動をとらえて、規律性もいい、協調性もいい、積極性もあるという具合に、二つ以上の要素に結びつけることをしてはだめですよ、というのがこのルールです。

表—(8)　要素別着眼点（例）

要　素	着　　眼　　点
規律性	●遅刻、早退、無断欠勤はなかったか ●無断離席、私用外出などはなかったか ●定時内での怠業はなかったか（談笑、さぼりなど） ●服装、身だしなみはどうであったか ●言葉づかい、挨拶、態度、マナーはきちんとできていたか ●職場の整理整頓、美化に努めたか ●上位職の指示命令に対する応答態度はどうであったか

要素	着　　眼　　点
協調性	●だれとでも仲良くやっていこうと努力していたか ●気に入った相手なら手を貸すといった選り好みの協力があったかどうか ●興味、関心のあることだけに協力するといったことはなかったか ●おせっかいやちょっかいを協力と混同しているところはなかったか ●恩着せがましく手伝うようなところはなかったか ●抜けがけをしたり、スタンドプレーするようなところはなかったか ●勤務時間の変更にも快く応じていたかどうか

要素	着　　眼　　点
積極性	●通信教育の受講などをしているか ●"自分にやらせてくれ"、"もっとやらせてくれ"といって申し出たことはあるか ●期待したことはソツなくやるが、期待以上にはしようとしないところはないか ●独断専行するところはないか（積極性のはきちがえ） ●ここぞというときに、注目を集めるような提言や提案をしたことはないか ●前例がないとか、規程にないということで、あっさり片づけてしまうようなところはないか

要素	着　　眼　　点
責任性	●与えられた仕事は最後までやり終えたか ●仕事を途中で投げ出さなかったか ●自分の失敗を他人に転嫁しなかったか ●部下の失敗に対する対応はどうだったか(適切だったか) ●重大な意思決定をズルズル延ばし、タイミングを誤まったり利益を失したことはなかったか ●安易に上司に決定をゆだねることはなかったか ●指示したことを忘れることはなかったか ●安心して仕事を任せることができたかどうか ●約束した期限、期日を守ったかどうか ●引っ込み思案なところはなかったか ●独断先行になりがちなところはなかったか

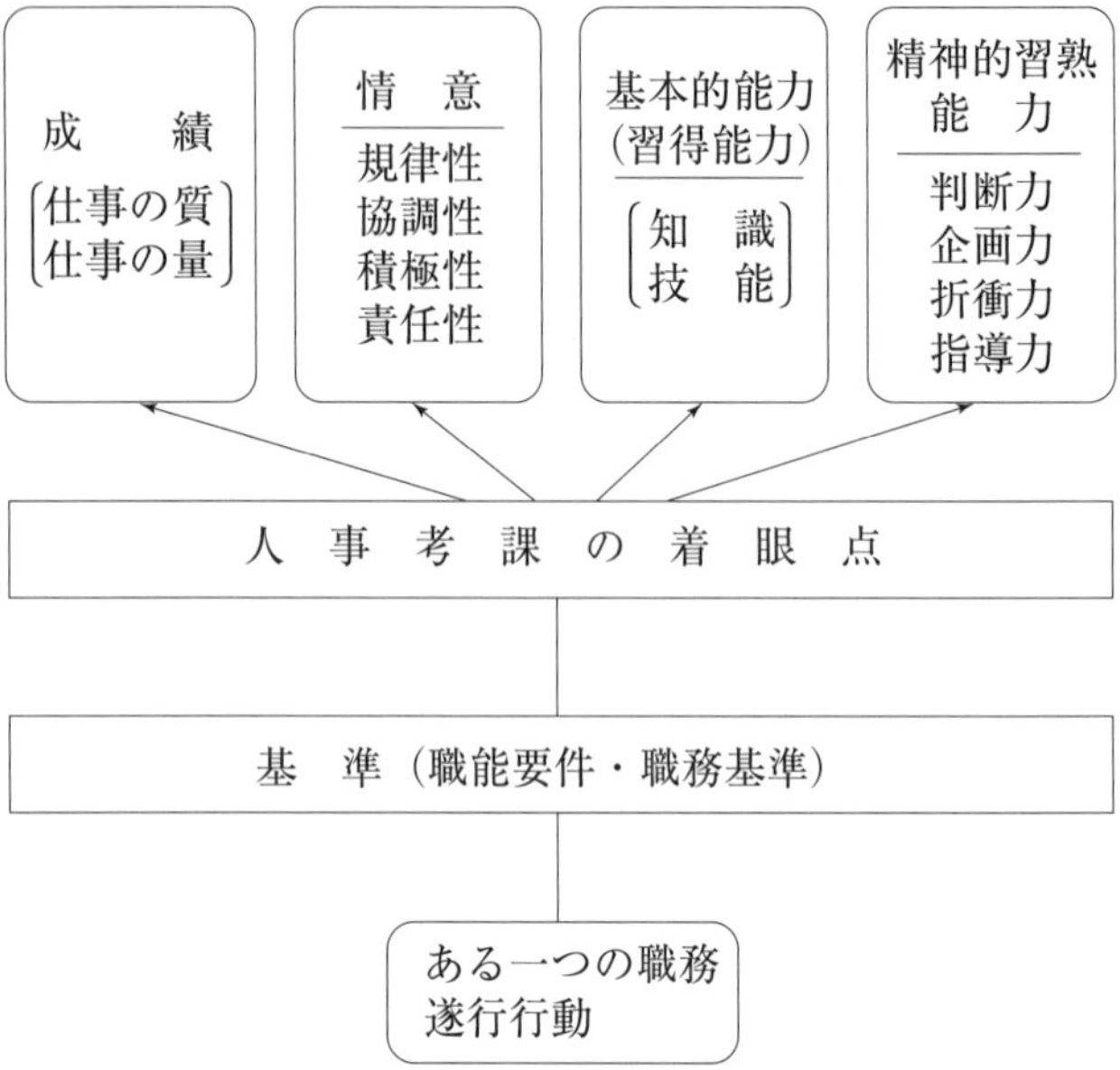

なぜこのようなルールを設けるかといえば、それは、一つの行動を二つ以上の要素に結びつけると、一つの行動がよければ、あれもいい、これもいいというように、なんでもかんでもよくなってしまう。反対に、一つが悪ければ、すべてがダメになってしまう。つまり事実よりは、はるかによくなる過大評価、その反対の過小評価につながってしまうからです。このようなあやまちをおかすことをハロー効果といっていますが、これは人事考課の中で、最もおかしやすいあやまちだといわれています。

　そこで、ハロー効果に陥らないためには、ぜひとも〝一つの行動は、一つの要

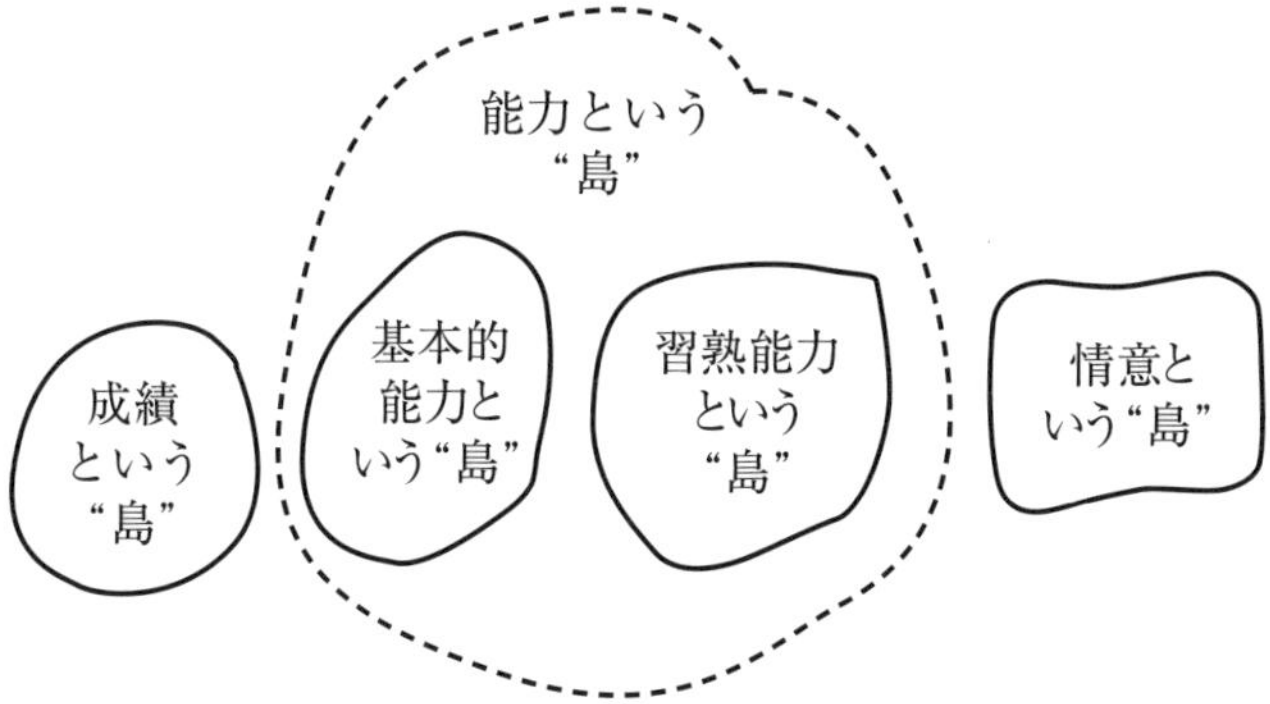

素で〟というルールが、守られる必要があるわけです。ある一つの行動を一つの要素でとらえたら、もうその行動は捨ててしまわなければならない――ということです。ただし、このルールの適用に当たっては、次のルールと併せて考えなければなりません。

②　〝島（考課区分）〟が違えば二つ以上の要素に

ここでいうところの〝島〟とは、成績、情意、能力の各考課区分を指します。能力についてはさらに、基本的（修得）能力と習熟能力の二つの〝島〟に分け、都合四つの島でとらえていきます（人事考課は〝四つの島〟から成り立っている）。そして、この〝島〟が違えば、一つの行動を、二つ以上の要素に結びつけてもかまわない、これがルールその二ということになります。

例えば、部下の一人が改善計画をとりまとめたとします。この行動に対して、改善計画をまとめることが、彼の職務基準として、あらかじめ決められていたものであったとしたら、責任性（情意という〝島〟）、知識（基本的能力という〝島〟）、企画力（習熟能力という〝島〟）、そして、仕事の質または量（成績という〝島〟）で評価してもかまわないということです。言い換えると、〝島〟が違えば、一つの行動は二つ以上の要素に結びつけてもかまわない（しかし、同じ〝島〟の中では、二つ以上の要素に結びつけないようにする）、これがルールその二ということになるわけです。

もちろん、以上、二つのルールの適用に当たっては、要素の定義に即してということであって、それらに該当する場合に限ります。定義に照らし合わせて該当しないものを無理に結びつけることは許されません。

また、要素に結びつける際、どの要素を選ぶか迷ったときは、より適切と思われる一つの要素のほうに結びつけることが肝心です。

4 段階の選択

行動の選択——要素の選択へと進んだら、次はいよいよ段階の選択です。部下に与えた

〝期待し求める基準〟――絶対基準に対してどうであったか、期待どおりであったか、がんばりが足りなかったか、AかBか、あらかじめ決められたいくつかの評価尺度のうち、どれに当てはめていくか――これが段階の選択です。

(1)　評価尺度について――評価尺度にはどのようなものがあるか

①　評価尺度にもいろいろある

評価尺度とは、職務基準の達成度や、職能要件の充足度について、評価する場合の評価ランクのこと、すなわち評価するモノサシのことをいいます。この評価尺度にもいろいろありますが、その一部を紹介しますと、

○点数法

この方法は、一〇〇点満点から〇点までの間で点数をつけるやり方です。この点数法でいくと、ある点数ゾーンに集中化する傾向がみられます。

○順位法

これは一番、二番、三番……、と上位から並べる方法です。どちらかといえば「差」をつけるやり方といえます。

○選別法

これは、点数法と順位法の折衷型のようなもので、上位から二〇%を優、六〇%を良、二〇%を可というように強制的に選り分ける方法で、対象が多数のときは便利な方法ですが、少ないときは適用しづらいこともあります。

○比較法

ある標準的なモデルを決め、これと同じか、優れているか、劣るかを比較する方法で、いわゆる相対考課がこれに当たります。

○行動特性記述法

いわゆる人間行動の特性をとらえて評価しようとする方法で、いちばん簡単なやり方が、OKかNOTかの二者択一的な方法があります。よい（やったか）、ダメ（やらなかったか）という二段階方式でもあります。

しかし、二段階程度では、モノサシとしておおざっぱすぎるという場合には、中間段階を設け三段階方式、さらにもう二つ段階を入れて五段階とすることもあります。

これらの方法は、いずれも一長一短ありとされ、したがってこれら全部を併用し、補完させるのが適切といわれています。しかし一企業の中で、全部それをやっていたのでは、それこそ大変な負担となりますので、結局どれか一つに頼らざるをえなくなるのが現実です。が「差」をつけるための人事考課であれば、一番目から四番目のどの方法を選んだとしてもかまわないでしょうが、能力開発型人事考課の場合には、不向きといえましょう。

そこで最後の行動特性記述法が登場してくるわけです。本書においては、行動特性記述法を取り上げてみたいと思います。

五段階で取り上げた場合、まずどのように尺度を記号化するかということになりますが、これはA、B、C、D、Eでもいいし、イ、ロ、ハ、ニ、ホでもかまいませんが、本書では、S、A、B、C、Dで表わすことにします。

次にS以下について、どのように区分基準を設定し、行動特性をとらえるかですが、この区分基準についても明確に定義づけ、SあるいはA、B、C、Dがそれぞれどのような行動特性を表わすのかについて、共通の理解をもつようにすることが大切です。この定義づけについても、考課者間の十分な調整が図られていないと、適正な評価に結びついていきません。

②　評価区分基準について

段階の選択とは、いうまでもなくAとするかBとするか、評語（定義）に従って、決めることをいいますが、特に強調しておきたいことは、段階の選択とは、すでに述べた行動の特性の選択であり、五点、四点といった点数づけ、すなわち点数法ではなく、まさしく、その基準（バー・レベル）に達しているか、どうか。基準を満たしているか、満たしていないとするならば、基準に対してどの程度満たしていないかの質を問うものであるということです。

したがって段階の選択は、分析的、判断的、評価的行動であって、単純な測定的行動であってはならないということです。

さて、その質を問うに当たってのS、A、B、C、Dといった尺度とその評語ですが、例えば、

（段階）　（評語）
S……大変優れていた
A……優れていた
B……まずまずであった
C……基準を下まわった
D……基準を大きく下まわった

のように、段階と評語が設けられていたとします。このような評語によって、質を問うと

き、判断に苦しむのは、SとAとの違い、CとDとの違いです。Bについては、まずまずということであるので、これは、〝なんとか基準に達しておれば、ないしは基準をどうにかクリアーし、支障がなければBだな〟と判断を下すことができますが、SとAとの違いとなると、このままでは大変苦労するのではないかと思われます。それは、〝大変優れている〟と〝優れている〟の違いをどう判断するかの問題ですが、その違いについて問いただされたとしても、正直答えようがない——というのが偽らざるところではないでしょうか。実際〝大変優れている〟〝優れている〟といってみても、はなはだあいまいであり、もうひとつピンときません。しかも、考課者全員がピンとくるようにしておかなければ、考課者の主観で〝大変優れている〟が判断されてしまいます。

そこで、〝大変優れている〟といった大変まぎらわしい評語で質をとらえようとするよりも、例えば、

（段階）　（評語）
S……上位等級としても申し分ない（上位等級でもA）
A……申し分ない。余裕をもって基準を達成した（バーをゆうゆう跳び越えた）

として質を問い、しかもその問い方について、つまり評語の内容について、考課者同士が

表―(9)　S、A、B、C、D段階の尺度

(段階)	(評　語)	(状　　況)
S……	上位等級としても申し分ない……(上位等級でもA)	5年生が6年生のテストで満点をとった “ジュニアクラスが、シニアクラスでもなかなかまとめられないような企画書を作った”
A……	申し分ない、余裕をもって基準を達した（基準―バーをゆうゆう飛んだ）……	5年生のテストで平均点を大きく上まわった “5時までにやることになっていた仕事を3時頃までにやってしまった”
B……	基準―バーをいちおうクリアーした（基準―バーに触れたが落とさなかった。多少問題があったが、とにかく飛んだ）……	合格点スレスレだったがとにかくテストに合格した “5時までにやる仕事を10分ほどオーバーしたが、やってのけた。支障はなかった”
C……	基準―バーをクリアーすることができなかった（バーを落としてしまった）……	テストに合格しなかった “3時までにやることになっていた仕事を時間内にできず、後工程に手待時間を発生させた”
D……	基準―バーを落としたのみかバーまで折ってしまった（ダメージを与えた）……	テストに不合格になったばかりでなく落第してしまった “今日中に仕上げる仕事ができなかったため翌日の納品ができなくなった”

調整を図り、共通の基盤に立った理解をしておけばあいまいさが解消されます。

そういったことで、尺度について一つの考え方をとりまとめてみると、前頁の表―(9)のようになります。

ここでいうところの「バー」とは、いうまでもなく基準の高さのことであり、S、A、B、C、Dは、その基準に対する達成度や充足度、到達度を質的価値基準として示すものです。

(2)　基準「B」に対する考え方

段階の選択では、基準（バーの高さ）に対してどうであったかが選択のポイントとなります。

上司と部下が相互に確認し合った基準に対して、あるいは会社が各人に期待し求めている基準に対して、クリアーしたかしなかったかを問うのであって、それをどうにかクリアーして「B」というレベルであると判断するのが評価「B」の考え方です。

したがって、この「B」に対するしっかりした認識がされていないと、あやまった選択をおかすことになります。

部下が四苦八苦して、やっとその仕事を時間内に終えたとしても、それが基準（職務基準）ならば「B」です。〝A君は頑張ったから「A」〟では困ります。やれといったこと――やりますといったことを、やってあたりまえ、これこそ基準「B」の考え方なのです。

さらにつけ加えるならば、とにかくクリアーできれば、〝それでよし〟とする考え方が「B」です。バーに体がふれても落ちなければ（仕事に支障がなければ）「B」とする、この考え方こそ大切です。

〝三時頃、お客様が一〇個取りにくるから、三時までに一〇個作っておく〟、これが職務基準であったとします。ところが三時を少しまわってしまった。しかし来るべきはずのお客様がまだ現われない。三時はキープできなかったが、問題はなかった。問題がなければ「B」。これが基準「B」に対する考え方なのです。三時が守れず五分間ほどオーバーした、たとえ問題はなくても一分でもオーバーすれば、それは基準を下回る、したがって「C」とするのは、いささか四角四面な考え方というか、あまりにも杓子定規なやり方というべきでしょう。仕事に支障があれば、もちろん「C」とすべきでしょうが、結果として支障はなく、問題はなかったわけですから、「B」は当然と考えたいところです。

このように、まず基準「B」に対するしっかりした考え方が確立されることが、段階の選択行動のベースとなることを理解してください。

さて、このように基準「B」をみる目ができたならば、「S」の適用などは、そうめったなことではできるものではない——と合点がいくのではないかと思います。なにしろ、上位等級としても申し分なく「A」であるわけですから、小学生が中学生の問題をスラスラ解くようなもので、そのような「S」ばかりの人が、現等級にいること自体がおかしいといわなければなりません。「D」についても、「S」と同じような見方をすべきで、そう何から何まで「D」という人もめったにないということになります。

したがって、絶対考課では基準に対して㊉——申し分なし、㊀——支障なし、㊂——支障あり、という㊉＝A、㊀＝B、㊂＝Cの三つの評価基準で十分目的が達せられることになるわけですが、その上にさらにSとDを設けて、その質的違いを問うわけです。

それは、㊉＝Aの中にSが含まれており、㊂＝Cの中にDが含まれているという見方に立つことになります。したがって、Sは㊉の中から、Dは㊂の中から探り出す方法を取ります。

言い方を変えると、目標チャレンジカード（モニターシート）（八六〜八七頁参照）の相互評価（上司および部下）については㊉、㊀、㊂の三つを適用すれば十分ということになるわけで、その結果を人事担当部門へ提出する人事考課表へ集約する段階で、S、A、

Ｂ、Ｃ、Ｄでとりまとめていく方法をとればよい、ということになります。

(3) その他、段階の選択に当たっての留意点

① 成績考課の場合

Ａ チャレンジしたときの考課はどうすべきか

部下が大いにやる気をもってチャレンジした結果については、どう評価すればよいでしょうか。

絶対基準による絶対考課という建前からすれば、部下がその位置づけや能力レベルからみて、まずまずのところに目標をおいた場合、相当挑戦的なところにおいた場合を問わず、いったんそれを職務基準として設定したからには、それを基準として評価すべきだということになります。しかし、次のケースを考えてみてください。

ここに、営業経験が全く同じといってよい営業職五等級の部下、甲、乙の二人がいたとします。甲君が今期一、〇〇〇万円の売上目標を立てたのに対し、乙君には、どうしてもチャレンジしてもらいたいということで一、一〇〇万円を目標にしました（これについて、上司であるあなたは、甲君はまあなんとかなるだろう。しかし乙君は、ちょっと無理ではないかと思いつつも、ともかく二人と話し合った結果、それぞれを確認し合ったとしま

す）。その結果、甲君は期待どおりなんとか一、〇〇〇万円をやってのけました。甲君は期待どおりやったのですから、「B」と評価されてしかるべきです。ところがもう一人の乙君のほうは、本当によく頑張りましたが、わずかに一、一〇〇万円に手がとどかず、一、〇四五万円と九五％の達成率に終わりました。さてあなたは、乙君をどう評価されますか。

いったん決めた基準に対して九五％の達成率で一〇〇％を割ったのですから、「C」と評価しますか。

結論的に申し上げると、これではだれも二度と挑戦しなくなるばかりでなく、手堅く達成可能なレベルにしか、目標をおかなくなってしまいます。こうなってしまったのでは、部門全体の業績にマイナスになるばかりでなく、部下自身の成長にとっても大きなマイナスになります。個人にとっても企業にとっても、かけがえのない損失となることは明白です。

そこで、部下に挑戦させたときの成績考課は〝プラス・ワン〟の考え方を適用する原則を確立し、ルール化するのです。この例でいうならば、乙君の成績考課は〝「C」＋1〟すなわち「B」と修正するのです。もし、乙君が一、一〇〇万円を達成した場合には「B＋1」イコール「A」が評価ということになります。この〝プラス・ワン〟の考え方が、挑戦したときの成績考課のあり方なのです。

人事考課はありのまま、特に成績考課は基準（目標）に対してどうであったか、やったか、やらなかったかをみるものであると述べました。そこに私情や恣意的なものが入りこむことがあってはならず、修正することは厳に慎まなければなりませんが、しかしこの挑戦した場合に限り、修正を認めるようにします。それは、苦労分、リスク分をカバーしてあげるものです。

さらにこれも例外中の例外ということになりますが、後で取り上げる中間項の中の外部条件が大きく働いたときは、適用することが考えられます。
B　配転直後の成績考課
ここで再びみなさんに考えてみていただきたいのですが、配転直後の部下の成績考課はどうなるかに

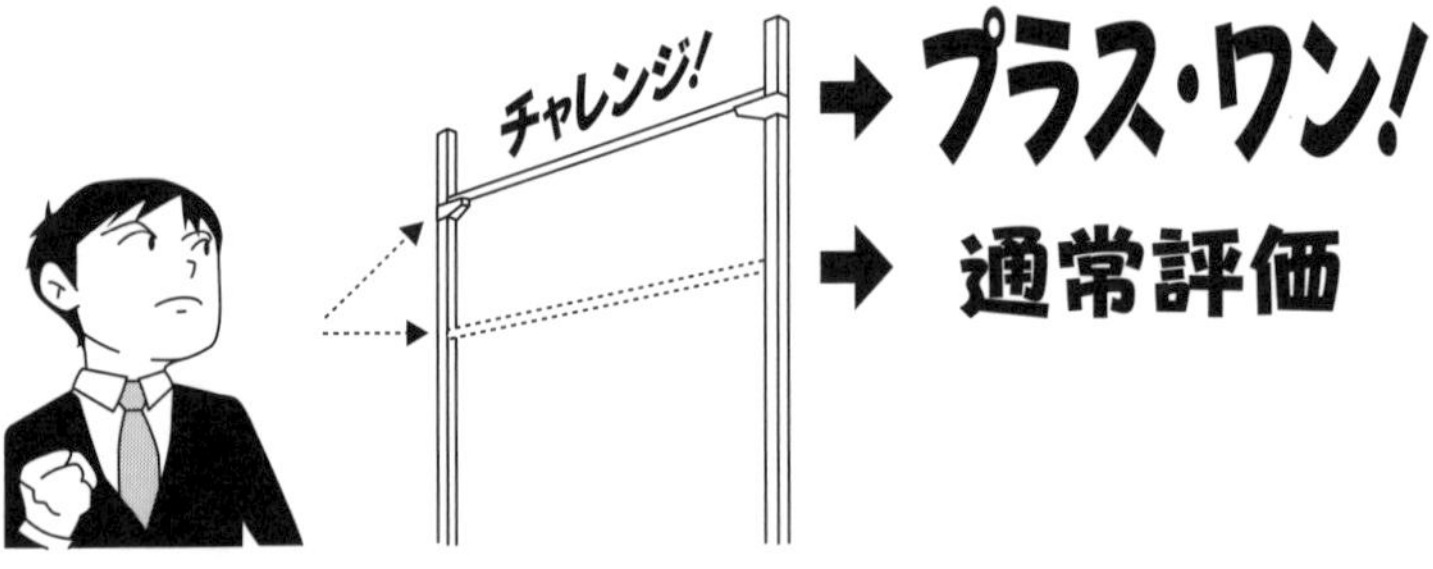

※チャレンジした場合に限り…
成功した場合B＋1＝A評価!

惜しくも失敗してもC＋1＝B評価!

ついてです。

あなたの職場に、他部門から配転になった部下の成績考課は、配転直後の人事考課において、下がることもやむをえないと考えますか。

配転直後の成績考課は、少なくとも下がることのないように基準を設定するよう、上司として配慮すべきです。成績考課は、職務基準に対しやったか、やらなかったかが評価する際のポイントになります。しかも職務基準は、つど部下との話し合いで決め、確認し合うものでなければならないということでした。そこで配転直後に、まずその部下と面接し、新しい職場での仕事の分担や基準について話し合います。その際、配慮すべきことは、配転直後なのですから、例えば、総務部門から営業部門に配転になった場合を考えますと、その部下が五等級であったとしても、いきなり営業五等級に相当するものを期待し求めたとしても、それに応えられないのがむしろ当然と考えなければなりません。そこで営業四等級、場合によっては三等級程度の職務基準を設定し、暫時、新しい配属先の仕事に慣れるまでの猶予を与えることが必要です。それを配転早々、五等級だからという理由で、五等級相応の職務基準を設定したとしても、達成はまず見込めないでしょうし、もちろんそうなれば、成績考課もよい評価は得られないということになります。

このように配転直後においては、職務基準をどのへんにおくかによって、部下の成績考課はかなり違ったものとなります。上司として新しく配属になった部下の基準をどのへんにおくか、その考え方と手腕が大いに問われるところであり、ここに仕事基準ならざる人間基準をベースとした能力主義人事の要諦があるわけです。

組織の現実をみると、五等級の者がその位置づけにふさわしい仕事ばかりをやっているかといえば、必ずしもそうではありません。むしろ五等級の者が、昨日、今日入社したばかりの新人がやるような仕事もやらざるをえない、またやってもらわなければならないのが現実で、今後高齢化や定年延長が進むと、ますますこの傾向が強まるでしょう。しかし、他方では三等級の者が上位クラスの仕事をやっているという現実もあり、このように実は柔軟な組織運営がなされているのです。

しかしながら、そのような不可避的な現実においても、なおかつ部下各人のレベルアップにつながるような仕事の分担を工夫し、能力開発の機会をつくり出していくようにしないと、せっかくの人事考課のねらいとするところは失われてしまいます。

そこでいついかなる場合においても、新しく配属になった人、従来から職場にいる人を含めて、部下の能力開発という視点に立って仕事の分担に留意することは、上司として常に心にとめておかなければならない問題だといえます。そしてこの分担のさせ方が成績考課に大いに影響を及ぼすことになるのです。

とりわけ配転直後、間違いなく成績考課が下がるような職務基準を設定していったのでは、だれしも配転を望まなくなるでしょうし、また配転になったとしても士気は上がらずで、新しい職場で早く仕事を覚えようとする意欲もわいてこないのではないでしょうか。

このように考えると、部下の成績考課は、上司の仕事の与え方、職務基準の設定の仕方いかんにかかっており、それによって決まるとさえいえます。

② 能力考課の場合

A 中間項とその排除

よく成績がよければ能力的にも優れている、また能力的に優れた人はよい成績を上げるといった見方をする人がいますが、果たしてそういい切ることができるでしょうか。たしかに能力的に優れておれば、劣る人よりもよい成績を上げてもおかしくはありません。しかし、現実には当人のもてる能力（これを保有能力といいます）がすべて発揮されて、それが成績（結果）に結びつくということはきわめて少ないのです。多くの場合、能力発揮を妨げる要因が働いて、という状態を職場でつくり出すことは大変に難しいことなのです。

人事考課では、人々の能力発揮を妨げる要因のことを中間項といいます。この中間項にはどのようなものがあるかといえば、①外部条件、②内部条件、③本人条件の三つがあります。さらにこの三つのそれぞれは、次の内容に分かれます（図—⑽参照）。

そこで上司として、この中間項をできるだけマイナス要因としないよう、なるべくニュートラルかそれ以上の状態にもっていくよう努力することが求められます。また、現実には中間項をしめ出してしまうことは、とても無理だといわなければなりません。したがって能力は長い目でみていく必要がでてくるのです。長い目でみていくうちに、中間項に影響されない能力の姿を見出す機会もあるでしょうし、長期間のうちに中間項の影響が、だんだん薄れていくこともあるからです。

まず外部条件についてですが、これは景気の変動、季節の異変といった、いわば与件（一企業の努力や個人の力ではコントロールできない要因）であり、これを変化させることは、現実には困難という他はありません。この外部条件をニュートラルにするには、この種の与件が発生した場合、基準の一部修正または変更をするとか、または与件を加味した成績考課を考慮するなどといった、全社的な措置が配慮されてしかるべき場合がありま す。ただしこれらの措置については、全社的観点から十分に調整された措置でなければならないことはいうまでもありません。

この外部条件を全く考えないで、頑張れ、頑張れの一点ばりで、責任性をいたずらに求めても、効果は期待できません。外部条件は、当人の責めに帰する問題ではないことを十分に認識しておく必要があります。また外部条件から受ける影響は、企業によって同じということではないでしょうから、いかにすれば外部条件をニュートラルな状態にもっていけるかについては、各企業における検討課題ということになるでしょう。

外部条件がおおむね与件であるのに対し、内部条件、本人条件はおおむね、企業や上司自身、部下自身の努力によって排除していくことは可能です。特に内部条件については、上司の努力に待つところ大であり、上司自身の問題として対処することが求められます。上司としての指導監督のあり方の改善など、考えるべき点が多々あろうかと思われます。こと内部条件に関するかぎり、ニュートラル化またはプラス化は、まさしくマネジメントそのものといっても決して過言ではないのです。

図―⑽　中間項

能力＝｛
●外部条件
景気の好、不況
季節異変、災害など
●内部条件
上司の方針、指示のあり方
指導の適否
不利な地区の担当
不利な商品の担当など
●本人条件
精神的スランプ
病気など
｝＝成績

本人条件については、何が部下をそうさせているかの早期発見と、それに伴う上司としての援助や指導が不可欠です。本人条件は、いちおう部下の責めに帰する領域かもしれませんが、その排除について、できるかぎり手を貸すことが、本人条件排除の一つの決め手になることは十分考えられます。本人条件をいかに排除するかについても、上司の重要な役割であるとの認識に立つべきです。

ただ中間項のニュートラル化に当たり、心すべきことは、中間項のマイナス要因をただちに考課に反映させるという方向で解決を図ろうとするのではなく、中間項というゴタゴタ要因を掃き清め「能力イコール仕事」という状況をつくり出す方向にもっていくよう努力すること――これが本筋だということになります。つまり部下が存分にもてる力を発揮できるような職場環境づくり、さらには職場の人間関係の改善を目指すといったことが中間項排除のあり方であり、ニュートラル化の最大の決め手であると心得るべきでしょう。そのうえで、中間項の存在をつきとめ、能力考課を長い目で行うことが、正しい能力考課の条件ということになります。能力考課は、部下の頭の上にのっかっている中間項という余計なものを取り除かないかぎり、正しく評価できるものではありません。

B　配転直後の能力考課

職種の変更を伴う異動直後の成績考課は、職務基準いかんによって、配転前より同じか、もしくは上がることもありえますが、能力考課だけは下がらざるをえません。

これは、能力考課があくまで等級基準に照らして行われるものであるからであり、この基準に照らして評価するかぎり、下がることもやむをえません。

そこで配転後の部下に対しては、ことさら育成に意を用い、職能要件を満たすよう育成計画を綿密に立てる必要があります。それと併せて、これは人事考課の範疇外の問題となりますが、このような能力考課の性格を考え、配転後のハンディをなるべく少なくするため、配転の時期は、部下が昇格した直後に行うという、異動上の取り扱いを考えることも大切ですし、配転後の一定期間は処遇には結びつけないといった猶予期間を設けることも必要かと考えます。

C　成績考課の要因分析こそ能力考課

成績考課は、すでに述べたように、基準に対してそのパフォーマンスがどうであったかを把握することであり、したがって職務基準をモノサシとしての測定的評価といえなくもありません。

これに対して能力考課は測定的というよりも分析的であるところに特徴があります。総合能力については、職務遂行状況を通じて、比較的容易に把握することもできますが、これが修得能力や、習熟能力ということになると、職務を通じて把握するにしても、苦労を要することが多々あろうかと思われます。そこで能力考課の場合、一次考課者、二次考課者そして三次考課者の合議評価が必要となってきます。

とはいえ、仕事と能力は表裏一体をなすものであり、能力は職務遂行状況をつうじてこそ把握が可能であることから、能力考課は職務遂行状況の観察、分析にすべてがかかっているということになるのですが、観察、分析だけでは把握しきれないことも考えられます。

そのような場合は、観察を補う方法として、部下に直接、

○たずねてみる（質問するなど）。

○いわせる（説明や報告をさせるなど）。

○書かせる（レポートや報告書の提出など）。

○やらせてみる（同行販売など）。

といったことを意図的に行い、観察分析したものと併せて把握することを考えるべきです。

また能力は、情意とともに、成績を生み出す要素であり要因と考えられるところから、次なる図式が成り立つと考えられます。すなわち成績は、情意と能力その他の相乗積としてとらえられるということです。

成績 ＝ 情意 × 能力（基本的能力×習熟能力） × 体力 × 適性（素質）

そこで図式で表わしたように成績考課をまずとらえ、仮にそれが「B」である場合、そ

能力考課

成績考課（中間項を含むありのままの評価） → 総合能力（本人条件のみ含む） → 要素別能力（修得と習熟の知力のみ）

の「B」に、プラス、マイナス中間項を考え、次に情意について分析を加え、①情意面でまずまずであれば、能力面もまずまず、②情意面が相当優れた結果の成績「A」ならば、能力的には「C」、③情意面でかなり問題があったうえでの成績「A」ならば、能力的には「A」といった、かなりおおざっぱではありますが、一つの分析が試みられるのではないかと思います。

いずれにしても、能力を把握するには、まず成績考課を媒体にして一つは職務レベル、二つには中間項、三つは情意考課にあり、それらを透視することによって、「部下の能力像」が、おぼろげながらも少しずつ目に見えてくるのではないかということです。

そしてその段階で、さらにどの要素に不十分な点があるか、あるいは充足されているかの分析を職能要件に照して試みるという道順をたどれば、適正な能力の分析、評価へと進むことができるのです。

つまりこの考え方は、まず森をみて、それから樹をみようとするやり方です。しかし、このようなやり方は、もちろん能力考課を行っていくうえでの絶対唯一のものではありません。

すでに述べました行動の着眼点リストから、ダイレクトに考課に結びつけていくことも十分考えられ、それも正しい能力考課の一つのあり方を示すもので、着眼点から評価に結びつけていくというやり方は、いきなり樹をみるやり方です。いきなり樹をみて、樹を正しくみることができれば、問題はないわけですが、樹の正しい姿を見失わないためにも、別の角度からみることも大切なことです。能力はどうしても多面的にみる必要があるわけです。

D　職能要件（等級基準）と習熟レベルの定義

能力考課は表—⑽で見るように職能要件に求められる職務遂行能力の充実度を日常の職務行動を通して（行動の選択）その高まりを要素別に（要素の選択）分析、評価します（段階の選択）。

③　情意考課の場合

A　情意考課に「S」はありうるか

情意考課は、組織の一員として期待し求められるものに対してどうであったかをみるわけですが、基準「B」に対する考え方でも述べたとおり、この場合、組織の一員として求

表―⑽　職能要件＝（等級基準）

職能要件	
習熟要件 （仕事を覚える）	修得要件 （勉強をする）
課業名とそのできる度合	・自己啓発、・研修 ・資格免許など

（習熟レベルの定義）

	上司からの指導や援助の程度	下級者への指導や援助の程度	状況変化への対応程度	最終実施責任は
（完） 完全にできる	全く必要ない	十分にできる	十分にできる	全般的に負う
（独） 独力でできる	必要ない	部分的にできる	指導を受けないとできない	部分的に負う
（援） 援助を受ければできる	時には援助を必要とする	できない	全く対応できず上司に指導を仰ぐ	ごく部分的に負う

められたものを守ってあたりまえということになるわけで、実際問題として情意考課には「S」は存在しえないということが考えられます。申し分なくて「A」、どうにかルールを守り、組織に対しても、まわりの人たちに対しても迷惑を及ぼすほどの支障がなくて「B」という考え方に立たなければなりません。

特に規律性については、「A」も考えられない――遅刻や無断欠勤がなくて当たり前、決められたことを守って当たり前――ということになります。もちろん、これはその企業の方針によってどう扱うかが決定づけられます。

B　帳消し考課

帳消し考課とは、協調性（必要条件）で、「A」の評価を得るには、責任性（絶対条件）で「A」または「B」以上の場合に限る――という考課上のルールのことです。このルールは、まさに企業が求める絶対条件と必要条件の関係を表わしたものといえます。組織の中で仕事をしていると、よく問題になるのが、責任性（自分の守備範囲）と協調性（他人の守備範囲）の関係です。

わが国の企業の特色の一つともいえる集団主義経営の下では、チームプレーという考え方はなくてはならないものであり、お互い同士が仕事をカバーし合うということは、むしろ望ましいことですらあります。しかしここで考えなければならないことは、組織マインドとしての絶対条件と必要条件のいずれを優先させるかの問題です。絶対条件は組織の維持、防衛上欠かせないものですから、この観点からすれば、絶対条件優先視は当然としなければなりません。いかに他人への協調性があったとしても、自分の守備範囲をおろそかにされたのでは、業務全体に及ぼす影響は大きく、結果はチームプレーにもマイナスになります。したがって自分の守備範囲を守ったうえでの他人への協調が求められるわけです。自分のなすべきことをなさずに、他の人に手を貸すことは、単なるおせっかいにすぎません。

このルールに従うと、責任性で「C」の場合は、協調性で「A」は考えられないことになります。特に、これは同時事象（時系列）の場合はなおさらです。

以上が帳消し考課です。この帳消し考課は円滑なチームプレーを推進するため、ぜひとも守るべきルールであることを忘れてはなりません。

(4) 人事考課のエラー

段階の選択は、いわば人事考課の仕上げであり、最終判断行動です。ここで判断をあやまらせたのではなんにもなりません。しかしそれでもなおかつ神ならぬ人が、人を評価するわけですから、あやまちは常についてまわるものと大いに戒めて考課に臨まなければなりません。

一般に考課者は、次のようなあやまちをおかしやすいといわれていますが、これらのあやまちについても、あやまちをおかすべくしておかすといったものではなく、ほとんどが知らず知らずのうちにおかすものであるだけに事はやっかいなわけです。人事考課上おかすエラーは、段階の選択を狂わせます。そうならないためにも、エラーにはどのようなものがあるか、そしてエラーをおかさないためには、どのような対策を立てておくべきかを、理解しておく必要があります。

① ハロー効果

ハロー（halo）とは、後光とか光背（仏像などの光背）のことで、部下の全体的印象によって、または部分的な印象によって、個々の要素について評価する傾向のことをいいます。人はだれしもその人固有のハローをもっているといわれています。このハローにまどわされて考課がゆがんでしまうことをハロー効果というわけです。

つまり、部下の一つのきわ立った特徴や、あるかぎられた面の観察が、部下の全体的な印象をつくり上げたり、上司として特に重視している特定のものについて優れていると、他の面においても優れていると評価してしまうことがハロー効果の特徴です。

例えば、あなたが几帳面であることを何よりも重要視しているとします。すると常日頃、几帳面な部下の他の面まであなたにはよくみえ、ついついよい評価を与えてしまう――といったことを指しているわけです。〝アバタもエクボ〟、〝坊主憎けりゃ、袈裟まで憎い〟といった諺がありますが、これを地でいくことでもあります。

ある一つの特性について優れている部下が、他の特性に優れていることは十分ありうることですが、しかし協調性に優れたものが、必ずしも責任性においても優れているとはいい切れません。

そこで考課者として、ハロー効果に陥らないためにはどうすればよいかですが、それには、

○ある評価要素が、他の要素とどのような関連をもっているかを理解し、一つひとつの要素ごとの評価を行うように心がけること。

例えば、成績考課と能力考課の関係、また仕事の質と量との関係、判断力と企画力の違いと関係などを、十分に理解し、そのうえで、要素ごとに一つひとつ「A」か

「B」かを決めていくことです。

○特に偏見や思いつきで評価すると、常々好悪の感情をもっている部下には、ハロー効果が大きく働くことを戒しめるべきです。

○あくまで具体的事実に基づく考課を進めるべきです（観察と分析がすべて）。

○〝一つの行動を一つの要素で〟のルールに従って評価に臨むことです。

○定義に即しての考課を進めることです。

○定義や着眼点については、常に日頃より十分に理解しておくこと。

などです。ハロー効果はわれわれがいちばん陥りやすいあやまちです。それだけに慎重な対処が望まれます。

②　寛大化傾向

考課には甘辛がつきものです。そのうち全般的傾向として甘くなることを寛大化傾向といいます。

このような傾向がなぜ起こるか、それは多分に考課者自身の性格によるところもありますが、部下に対する個人的感情や、考課者の仕事に対する自信のなさ、部下の行動の把握の未熟さなどによるところが大きいと考えられています。

また、人は、寛大化傾向が恒常的に働くことを知っているために、このことを自らに言い聞かせて、逆に意識的に低く評価することもあります。ということは、人の中には事実よりも高く評価したり、低く評価したりする一般的傾向があり、これがいうところの甘辛を形成するのです。

特に、考課結果のフィードバックを実施している企業において寛大化傾向が出やすいということがいえるようですが、このような寛大化傾向（その逆も含めて）を解消していくには、

○各要素の定義を明確にし、それに則して考課するように進めることです。

○絶対基準による絶対考課に心がけること。

○目標面接（職務基準設定の際の話し合い）を徹底的に行い、相互確認をしておくことです。

○自分に対する自信を涵養することです。

○部下に常に示範しておくことです。

自分が分ってもいないことを、部下に求めても、なかなかできるものではありません。

○常に十分な観察、分析を行っておくことです。
部下のことがわからなくては、正しく評価することはできません。
○部下との公私のケジメをはっきりつけておくこと。
などです。

③　中心化、極端化（分散化）傾向

中心化傾向とは、評価が「B」ないしは、段階の中心位置に集中し、優劣があるにもかかわらず、優劣の差があまりはっきりしない傾向のことをいいます。つまりドングリの背比べにしてしまうことをいうのです。

これは考課者が極端な評価を下すことをためらったり、考課に自信がなかったり、部下をよく知らなかったり、また十分な観察や分析をしないで、何が優れているか、劣っているかを把握していないときに、生じやすいエラーだといわれています。このような評価をしたのでは、不平等のそしりを免れません。

この中心化傾向に対して、意識的にそうならないように差をつけよう、差をつけようとして、評価をバラけさせてしまう傾向を示す場合があります。これを極端化（分散化）傾向といいます。要するに「S」と「D」ばかりというのが、この傾向の特徴です。このよ

うな中心化、極端化傾向に陥らないためには、
○評価基準や評語の意味するところ、定義などを十分に理解しておくことです。
特に情意考課には「S」がないといったことを、よくわきまえておくことです。
○部下とのオープンな人間関係を確立しておくことです。
○基準に対してどうかをみる態度を養うことです。
○特に、日常の観察、分析を緻密なものとしておくことです（メモやノートに取っておくこと）。

④ 論理的誤差

ハロー効果が、部下個人の特性（後光）に影響されるのに対し、論理的誤差というのは、関連性のありそうな要素同士を同じにあるいは類似した評価を下す傾向のことをいいます。

このエラーは、多分に考課者自身の考えすぎや、論理的な飛躍、短絡的な考え方によるところが大きいといわれています。

一見すれば、仕事の質と判断力とはなんとなく関連があるように思えますが、しかし仕事の質は、多少判断力が不足していても、上司や先輩に教わったり、尋ねたりしながらやれば、質的に十分な仕事ができることもあります。

また上司の指示が適切であれば、部下は能力以上の成果を上げることもできるでしょうし、これと反対の場合もあります。このようなエラーをおかさないためには、

○あくまで事実に即して評価すること。

○能力考課、成績考課の関連、成立条件について十分理解しておくこと。

○中間項の存在を十分に確かめ、ニュートラルとした状態で能力の評価に当たること。

○想像や推測を排除すること。

などです。

⑤　対比誤差

対比誤差とは、考課者が部下を評価する場合、部下のある特性について、考課者の能力や特性と反対の方向に評価する傾向のことをいいます。

例えば、ここに全く規則やルールについていいかげんな考課者がいたとします。このような考課者の部下に、それほど規則やルールを順守しない部下がいたとしても、その考課者は、(自分がいいかげんであるがために)部下の規律性は優れていると評価してしまう傾向があるということです。これとまた反対の場合も考えられるところです。

要するに考課者が、自己中心的に、自分の主観的な価値判断基準や固定観念で評価する

場合に起きやすいエラーといえます。この種のエラーをおかさないためには、
○個人ごとに設置した基準に照らして評価すること。
○部下一人ひとりを、みな違った個人としてみつめる態度を身につけること。
○部下に能力以上のことを不当に期待しないこと、
○考課者自身自分の能力、態度について自己分析し、再認識することです。評価することは、評価されることであるという考えに立って自己評価してみること。
などです。

以上、考課者のおかしやすいエラーについて申し述べました。ふだんよりこれらのエラーに注意して評価に臨む心がけが望まれます。

5 人事考課のとりまとめ

(1) 人事考課は修正すべきではない

いったん評価を下したものについては修正しない――これを人事考課を行っていくうえでの大原則としたいところです。修正の必要を感じたり、修正を余儀なくされるということ

とは、評価そのものにどこか問題があるからであり、その多くは、考課する人の自信のなさ、評価に対する安易な考え、観察、分析や記録の不十分な点などによるものと考えられます。

とにかく、評価をすることは、そんなになまやさしいことではないのです。いとも簡単に、「B」から「A」に修正する管理監督者がいますが、こと人事考課に関するかぎり〝人事を尽くして天命を待つ〟の心境で臨むことが大切です。人事考課には〝あやまりを改めるのにはばかることなかれ〟があってはならない――という自覚と責任感をもって臨んでいただきたいということです。ということは、確信のもてない評価はすべきではないということでもあります。

人事考課は、考課表の評価欄の単なる穴埋め作業ではありません。仮にもし確信のもてない要素があれば、それはブランクのままとすべきで、それが本来のあるべき人事考課の姿であるといえましょう。

一次考課、二次考課、三次考課がくい違う場合は、そのくい違いの原因について、徹底的に話し合うべきで、それをやらずに安易な修正をすべきではありません。二次考課者が一方的に無断で一次考課者の評価を修正するなどは、とんでもない話です。二次考課者は、一次考課者の評価を尊重し、三次考課者は二次考課者のそれを尊重し、各自自らの観察、分析、記録に基づいて評価に当たることです。一次、二次、三次考課がどうしてもくい違うのであれば、それはそれでやむをえないとしなければなりません。が、一次、二次、三次考課のそれぞれについて、次のようなルールの確認は必要でしょう。

それは各考課者の組織の位置づけによって、

○成績考課については、一次考課を尊重する

部下各人の職務の分担を決めたり、職務基準を設定するのは、直属の上司であるからです。成績考課をいちばん適正に評価しうる位置づけにいる人、それは直属上司です。したがって成績考課は、一次考課者の評価が尊重されてしかるべきです。

○情意考課は二次考課を尊重する

その理由は、情意面については、被考課者に、多少の距離をおいた人の目からみるほうが比較的客観的に把握できるからです。これが三次考課者となると、被考課者との接触度がぐっと減り、細かい点にまで目がいきとどかなくなります。情意考課はある程度被考課者と接触があり、しかも客観的にみることができる二次考課者の評価が活きてくるのではないかということです。

○能力考課は三次考課を尊重する

一般に被考課者と考課者との間の能力的な開きがあればあるほど、適正な能力評価が行えるといわれています。つまり両者の能力差が接近していればいるほど、適正な評価を下しにくいということです。

ということであれば、被考課者と能力的にかなりの開きがあると考えられる三次考課者の考課を尊重するのが適切ということになります。

しかし、特に評価がやっかいな能力考課は、一次（係長さん）、二次（課長さん）、三次（部長さん）の各評価に当たる人が集まって話し合い（合議制）、分析を行うようにしたいものです。

(2) 成績考課のとりまとめ――課業別遂行度と総合評価

成績考課の場合は、個々の職務についての評価であり、これを課業別遂行度といいます。課業別遂行度とは、職務別にどうであったかの成績考課ですから、基準に照らせば、比較的明確に判断が下せますが、通常成績考課は、この課業別遂行度を集約して、「仕事の質」、「仕事の量」、「仕事の成果」等々の要素で、一本化してとりまとめるかたちをとります。

この一本化して集約することを総合評価といいますが、その場合のとりまとめ方はどうすればよいのでしょうか。

例えば、次のように、ある部下の今期の課業別遂行度が判明したとします。この場合、この部下の総合評価はどうなるでしょうか。

育成の論理の考え方からする能力考課であれば、「C」が正解です。なぜならこの部下の絶対基準は、㋑+㋺+㋩+㋥+㋭であり、このうちの㋥が基準を下まわり「バー」を落としてしまったわけですから、期待し求める期待像（仕事全体）を満たしたことにはならないからです。大変厳しいなと思われるかも知れませんが、これこそ真の育成の論理に立った絶対考課のあり方なのです。だからこそ上司は「C」を出させないよう部下を掌握し、指導したり、中間項をニュートラル化するといった上司としての役割を果たさなければならないのです。

しかし、そうはいっても、それではちょっと厳しすぎるという意見もあろうかと思います。それはそのとおりですが、しかし育成の論理に立てば、一つでもCがあれば、あくまでCとして事態改善に当たるべきなのです。しかし、成績考課に限っていうならば、評価は、上司の仕事の与え方いかんによって大きく左右されることになります。

例えば、〝A君、㋑、㋺、㋩の各仕事については、期限までに時間をかけてもいいから必ずやってくれ。しかし㋥、㋭については、できれば期限までにあげてほしい〃といった、上司と部下との確認があったとします。この場合は、㋑、㋺、㋩にウエートづけられていることから、㋑、㋺、㋩が当初確認された期限を外しさえしなければ「A」と評価できます。ただし、この場合は、あくまで上司、部下双方で十分確認し合っておくことが条件となります。もしこのような確認がない場合は、個々の仕事がすべて同じウエートにおかれているものとして評価をせざるをえないということになります。

（職務の内容）	（遂行度）
仕事㋑	A
仕事㋺	B
仕事㋩	B
仕事㋥	C
仕事㋭	B
総合	

それぞれの仕事にウエートづけがされている場合には、次の要領で総合評価すればよろしいでしょう。

仕事㋑　五〇％
仕事㋺　三〇％
仕事㋩　二〇％

のウエートづけの場合で、評価が、

仕事㋑　評価A
仕事㋺　評価C

仕事㋩　　評価C

だった場合、あらかじめ　S＝5，A＝4，B＝3，C＝2，D＝1とポイントを決めておき、そのポイントにウエートを乗じてそれぞれ計算し、

㋑　評価A＝4×0.5

㋺　評価C＝2×0.3

㋩　評価C＝2×0.2

S＝4.3〜5.0
A＝3.5〜4.2
B＝2.7〜3.4
C＝1.9〜2.6
D＝1.0〜1.8

（例）

合計を出します。この合計は、3となり、総合で「B」と評価されることになります。

以上ウエートを設けた場合についてふれましたが、これがウエートを設けなかった場合はどうなるでしょうか。

仕事㋑評価A……4ポイント

仕事㋺評価C……2ポイント

仕事㋩評価C……2ポイント　ですから、

合計8ポイントということになり、仕事㋑㋺㋩の総合評価は、8÷3＝2.666……となります。この2.666……は、上記例からCが適用されることになります。

このようにウエートづけをする場合としない場合とでは、結果に相違がみられることがおわかりいただけたのではないかと思います。

ウエートづけをすると、それなりの効用があるということです。ただウエートづけについては、時間的ウエートのみにとどめるべきで重要度のウエートは成績考課では避けるべきです。

(3) 考課結果のフィードバック

絶対考課の結果については、部下一人ひとりと面接し、フィードバックを行います。

① フィードバックのねらい

考課結果については、単に問題点の指摘にとどまらず、事態の改善について話し合い、今後どのように改善に取り組めばよいかについて部下とともに考え、改善の実行にとりかかれるようにすることです。

事態の改善とは、いわば期待像を部下がクリアーできなかったときの打つべき手ということになりますが、その一つには職務改善が考えられます。バーの高さを変えたり、仕事のやらせ方や援助のし方などを考えたりするわけです。次に仕事の方法の改善も考えられますが、これについては、部下に積極的に提案を求め、ともに検討するのが効果的です。

それによって、生産部門では、レイアウトの変更、冶工具の設計変更などによる生産性の向上、営業部門では、出庫手続の簡素化による納期遅れの解消ができます。

さらに打つべきもう一つとして、部下のレベルアップ（能力開発）が考えられます。まず職務基準で与えた課業の習熟に対するＯＪＴです。そして、そのためのノウハウを修得要件をにらんでのＯｆｆ—ＪＴや自己啓発などです。

これら打つべき手について、部下ととことん突っ込んだ話し合いをすることが、フィードバックの最大のねらいといっていいでしょう。もちろんフィードバックのなかでは、上司評価と部下の自己評価の照合チェックをし、相違点について確認し合うといったことも行うべきですが、単なる照合や確認に終わらせるだけなら、フィードバックの意義は失われてしまいます。

② フィードバックする際の留意点

いろいろ考えられますが、やはりいちばん心がけるべきことは、〝基準に照らして、ありのまま〟——ということでしょう。このありのまま、すなわち事実に基づくフィードバックほど説得力のあるものはなく、部下の納得も得られやすいということです。

フィードバックは、結果よりもむしろ原因に目を向けること——がポイントです。原因についていては、特に一つひとつの課業ごとに解明していくといった基本的姿勢が望まれます。特に当人のレベルからみて、十分にこなせるはずの目標が未達成に終わったなどの場合には、なにが起因しているか、中間項に問題はなかったか、情意面で不足するところ、そして結果を生み出す原動力である能力面に欠けるところはなかったか――観察ノートや指導記録を手掛かりに当人の結果に影響を及ぼす遠因から近因（中間項――情意――能力）へと分析を試みることが大切です。そして、フィードバックに臨む前に分析結果を整理し、

イ、ほめる点

ロ、注意する点

を明らかにし、肝心の育成点を把握したうえでの上司としての育成プランをしっかり固めてからフィードバックに臨むべきです。

さらにもう一つ付け加えるということになると、部下の人間性や人格を傷つけるような言動は厳に慎まなければならないということです。俎上にのせるのは部下その人ではなく、部下の具体的事実としての行動です。

フィードバックに必要な「育成メモ」の作り方や、具体的な展開のし方など留意点については、拙著「目標、育成面接ハンドブック」（経営書院刊）を参考にして下さい。

③　部下の自己評価と上司評価の照合、確認

今後の事態改善のためには、上司、部下がそれぞれ評価したものを照合、確認することは必要です。この照合、確認によって、改善すべきポイントの明確な把握ができるからです。

では、照合、確認はどのように進めればよいのでしょうか。

ここに、アロンソンとリンダーという心理学者による「好意の相互性」という実験があります。この実験について簡単に紹介すると、人はどのようなほめ方をされたとき、相手に最も好意を抱くかについて調べたものです。

この実験は、次の四つの場合についてそれぞれ行われました。

A　初めに相手をほめ、だんだんけなしていく（これを記号＋＋──→－－で表わす）

B　初めから終わりまでけなす（これを記号で－－──→－－で表わす）

C　初めから終わりまでほめる（これを記号で＋＋──→＋＋で表わす）

D　初めけなしておいて、だんだんほめる（これを記号で－－──→＋＋で表わす）

この実験の結果は、次頁の図のようにとりまとめられていますが、図をみれば明らかなように、初めより後半での評価（ほめる、けなす）が好意度に大きく影響を及ぼしている

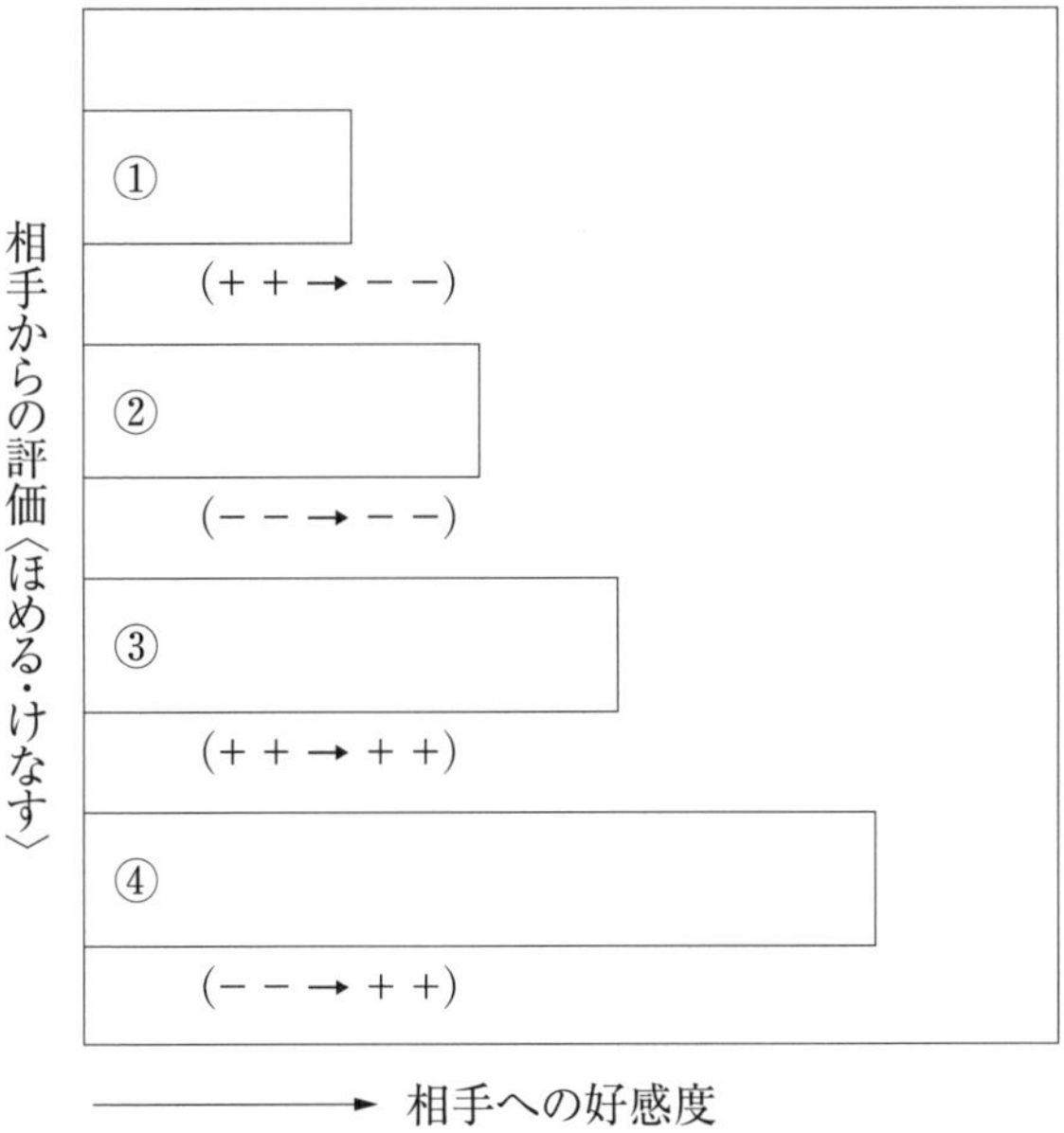

ことがわかります。

③初めからほめられてばかりより、④中途からほめられたほうが高い好意度を示しており、また、②けなし続けられるよりも、①初めほめられ、後でけなされるほうが好意をもてなくなるようです。

相手から〝認められた（ほめられた）〟という価値を得たときの喜びも大きいが、それを失ったときのショックのほうがさらに大きいものであることを証明しているといえるでしょう。そしてこの実験結果から、考課結果の照合確認をする際の、一つのヒントを見いだすことができるように思います。

それは、部下にとって不本意な結果に

終わった評価、すなわちよからぬ話は、なるべく先に片付ける。そして最後に、部下にとっては最高に喜ばしい内容で締めくくる。好意の相互性の実験からは、このような照合、確認のあり方がより望ましいといえそうです。よほどのヘソ曲がりでもないかぎり、人はほめてくれた（認めてくれた）相手に好意好感を抱くことだけはたしかなようです。

特に期待値を下まわる場合は、全面的に〝ダメ〟をいわないように注意すべきです。例えば、目標値に対して九〇％の達成率に終わった部下に対し、〝未達成に終わってダメじゃないか〟といったいい方ではなくて、〝九〇％で終わってしまったね〟と、ありのままを伝えるいい方をしたほうがいいのです。

また、結果は不本意で終わってしまったとしても、部下をじっくり見つめ、観察、分析を十分に行っておけば、仕事ぶりのどこかに認めてやれるものがあるはずです。それについては、忘れずにほめてやることです。

それから部下に下位等級の仕事を分担させた場合、下位等級の仕事だから、苦もなくやれただろうとか、彼にとってはやさしすぎる仕事だから格別いうこともなかろうなど、と軽く片付けないで、下位等級の仕事を快く引き受け、上司に協力してくれたことに対する、心からのねぎらいをしなければなりません。部下が下位等級の仕事に合意、納得をし、引き受けてくれた心情を察しないで、だまって見すごすようなことをしたのでは、だれも下位等級の仕事を、進んでやろうとしなくなってしまいます。

結果の照合、確認は、そのこと自体がＯＪＴであることを忘れてはなりません。ともに事前に確認し合った基準に対する双方の評価についての照合、確認は、部下の今後の育成の必要点（部下にとっては啓発課題）をより明らかにしてくれます。このフィードバックの話し合いの中で、部下の育成の必要点について明らかにしていくこと自体が、すでにＯＪＴの機会となっているのです。フィードバックの面接が、部下の育成手段であることを銘記すべきです。

④　部下の自己評価が意味するもの

最近、目標面接や能力開発型人事考課が浸透するにつれて、部下の自己評価が大きなウエートを占めるようになってきました。

部下に自己評価を行わせるねらいは、部下に内在する問題点の発見と、問題解決への手がかりを、部下自身につかませることにあります。自己評価は、部下が自分のことを再認識し、自己理解するチャンスとなります。この自己理解こそ、次なる自己向上の足場となるのです。ここをこうすれば、自分はもっと伸びるということをしっかり自分で認識してもらうのが自己評価です。

とはいうものの、部下にも、部下自身が気づいていない事実もあり、これが部下の自己理解を妨げる場合もあります。つまり、上司であるあなたの目からみればこういう事実がある。が、その事実に部下は気づいていない。そのため彼は伸び悩んでいるといった状態です。

そこで、部下の自己評価に表われていない事実について気づかせる——これこそ、まさしく真のフィードバック——ことは、部下自身にとって、自らの新たな発見につながっていきます。フィードバックは、「もっと良くなるよ」、「もっと良くしよう」という強い意思を持って行わねばなりません。

自己評価は、部下の自己理解（気づき）を促すところに意義がおかれており、フィードバックは、部下の自己理解の輪を拡げるところに意義がおかれていることも理解しなければなりません。

それゆえ、部下の自己評価は、大いに尊重すべきです。この部下の自己評価を尊重せず、これを真剣に取り上げないようであれば、それは、部下の成長の芽を、上司がみすみすつみ取ってしまうようなものです。自己評価と、それに関連した上司からのフィードバック

部下の自己評価と上司のフィードバックによる問題解決の領域

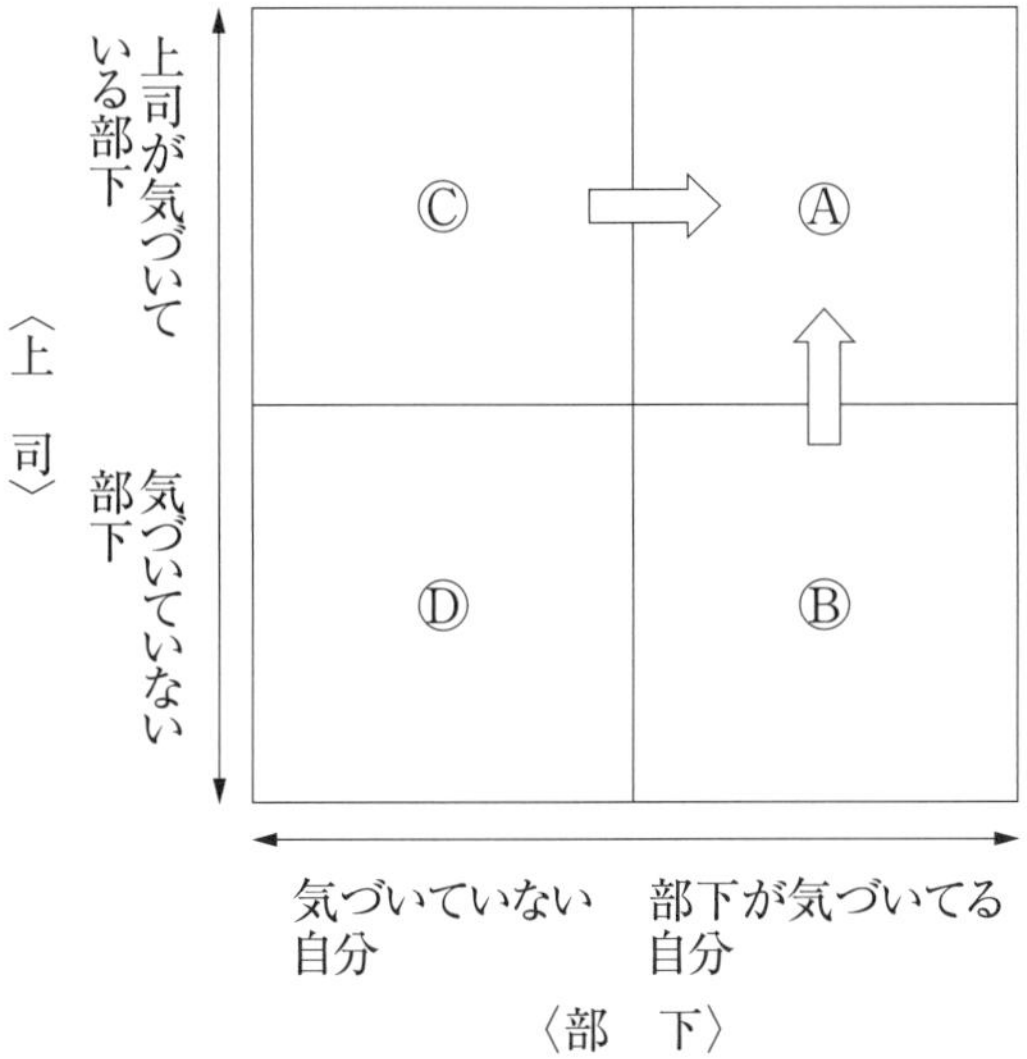

があるからこそ、部下は自己に内在する問題点を明確化することができ、問題解決――事態改善への第一歩が踏み出せるのです。自己評価システムの導入は、上司と部下による問題解決型人事考課の確立を目指しているともいえます。

上の図は、部下の自己評価と上司のフィードバックをからめての問題解決の領域を示したものです。

まずⒶの領域については、部下にもわかっているし、上司にもわかっている領域ですから、お互いに共通の認識に立って、今後の部下の啓発や育成について、また業務の改善等について、取り組んでいける領域です。

Ⓑについては、部下の自己評価、自己申告をもとに、上司自身が、今後の部下の活用を考えることによって、解決を図ることができる領域です。

また部下自身がむしろ将来的に自分のことを考え、それに向けて一歩ふみ出すことによって、解決される領域でもあります（部下の自己啓発による解決）。

この領域こそ、部下の自己評価――自己理解が大いにものをいう領域です（先ほど、部下の自己評価を尊重しないと、それは部下の成長の芽をつみ取ってしまうということを述べましたが、それは、まさしくこの領域内での問題といえるでしょう）。

部下の自己評価を受けて、上司はこの部下のために、育成計画をつくる必要があります。それによってこの領域は、Ⓐに転移することになります。

Ⓒは、部下が気づいていない側面を、上司が気づく領域を示しています。この領域については、上司自身が、今後の部下の活用を考えることによって、解決を図ることができる領域です。この領域の問題について上司がフィードバックすることにより、部下が気づいたならば、領域Ⓐへ転移されます。

Ⓓについては、一応神のみぞ知る領域とでも申し上げておきましょう。この領域につい

ては、今後の天命にまつしかありません。

6 人事考課のコンセンサスづくりと考課者訓練

以上で、人事考課の実際についての説明がひととおり終わるわけですが、人事考課に関する規程やルールが、いかに整備されていたとしても、その運用に当たるのは、他ならぬみなさんがたです。みなさん一人ひとりの、これまで述べてきたような、人事考課に関する考え方や、ルールの理解の仕方などがバラバラでは、運用をダメにしてしまいます。人事考課について特に強調したいことは、考課に対する考課者全員の共通の理解です。人事考課のねらい、仕組みやルールはもとより、考課要素の定義、着眼点そして評価の段階についての評語等についての社内におけるコンセンサスが図られてこそ、初めて、適正な運用ができるのです。

とはいえ、社内でのコンセンサスづくりは口でいうほどなまやさしい問題ではありません。今まで抱き続けてきた考え方の一部または全部を切り捨て、新しい考え方を取り入れながら、考課者一人ひとりの判断基準を調整し、一つの共通基盤へともっていくことは、至難のワザともいえそうです。

そのコンセンサスを、いかに確立していくか。その一つとして社内での考課者訓練や面接者訓練の徹底した実施が考えられます。

社内での考課者訓練の進め方は、できるかぎり、社内のトレーナーをまず育成し、そのトレーナーを中心に企画立案し、社内において反復継続実施するのがいちばん効果的です。なぜかといえば、人事考課は、その運用面で、企業の政策的なものが反映されるだけに、おしきせ的な教育では、もうひとつ効果が期待できない点が指摘されるからです。

当初のうちは、社外のノウハウやハウツウに依存することがあっても、一日も早く社内のトレーナー中心に展開できるような、体制の確立が望まれます。

考課者訓練では、やはり参加者全員による意見、考え方の調整がその中心課題となります。もちろんわが社の人事考課のねらい、仕組みやルールについて互いに共有することも重要なテーマではありますが、さらに重要なことは、人事考課の三つの判断行動に伴う価値基準の統一です。参加者全員がお互いに意見や考え方の調整を図るよう、努力し合うことに最大のねらいをおかなければなりません。

通常考課者訓練は、全社的に一年に一～二回程度、考課者全員を対象に実施されることが多いようですが、そのような全社的なコンセンサスの場のほかにも、部門会議や職場内ミーティング等で、部門長、所属長中心に、よりキメ細かい話し合いをする回数を、積み重ねるべきだと思います。

そのようなお互いの話し合いの中で、反省すべき点を検討し合い、改善していく努力がなされないかぎり、コンセンサスの確立は難しくなります。

現在、各企業でどのように考課者訓練が行われているかについて、大まかに紹介しますと、時間にして六〜七時間程度の一日コースでセットされ、午前中の前半は講義中心、後半から、終了にかけて、フィルム・フォーラム中心のケーススタディで進めます。画面に写し出されたモデル人物の評価を、個人評価やグループ討議により進め、その過程で人事考課の仕組みやルール、三つの判断行動の価値基準の調整を目指すほか、考課者に求められるマネジメント・スキルの向上をもねらいにおいての演習や討議を行います。

考課者訓練を、単に評価技法習得のための訓練とせず、第2章で述べたような、人材マネジメントのP—D—C—Aサイクルに従って、幅広く習得する訓練として取り上げるケースが最近多くなりつつあるようです。そういう意味でこれからの考課者訓練は評価技法訓練というよりも、マネジメント教育そのものとして、位置づけるべきだと考えます。

第4章のまとめ

人事考課は、①行動の選択――②要素の選択――③段階の選択という一連の判断行動で行われます。そして、この①、②、③のステップを必ず踏むことが、正しい判断の条件です。

① 行動の選択においては職務遂行上の具体的事実をありのままに取り上げることが大切で、特に成績、情意考課においては、考課対象期間内の行動について評価しなければなりません。どの行動が考課の対象になるかは、着眼点を整理しておいて、それを活用すると大変有効です。①行動の選択は、考課の出発点です。行動のないところに考課はなく、②要素の選択も、③段階の選択もありません。

② 要素の選択は選択された行動をどの評価要素に結びつけていくかの判断行動です。正しく要素を選択するには、要素ごとの定義を理解することが先決です。また要素の選択に当たっては、〝一つの行動は、一つの要素に結びつける〟〝ただし「島」が違えば、一つの行動を二つ以上の要素に結びつけてもかまわない〟といった要素選択上のルールを守るべきです。

③　段階の選択とはどの評価尺度をあてはめるかの判断行動ですが、これはあくまで基準（「バー・レベル」）に対してどうかの質を問うものです。特に基準「B」に対する考え方の確立を図ることが、段階選択行動のベースとなります。段階の選択をする際、挑戦した時の成績にはプラス1すること、情意には「S」の適用を行わないこと、帳消し考課をすることなどについて忘れてはなりません。能力考課の場合は、いかに中間項を排除し、ニュートラルな状態をつくり出していくかが、能力考課の適正化を図るうえで重要な課題となります。また平常より、ハロー効果をはじめとする人事考課のエラーをおかさないよう、対処する心がけが大切です。

そしていよいよ人事考課のとりまとめということになりますが、絶対考課については、育成を先行させなければなりません。

考課結果については、部下にフィードバックしますが、フィードバックに当たっては、まず部下の自己評価との照合確認に始まり、今後の事態の改善をどう図るかについて、部下と話し合うことを中心に進めます。事態の改善の話し合いのポイントは、職務の改善と、部下の育成におかれますが、その際部下の意思を尊重することに留意しなければなりません。フィードバックを単なる結果の伝達に終わらせないようにすることが大切で、今後の部下育成の必要点を明確化し、育成にどう結びつけていくかを、徹底的に話し合う場としなければなりません。フィードバックが終わったら、処遇のための考課表へのとりまとめも重要な仕事です。これについては、わが社の考課ルールをよく理解し、考課要素ごとに評価（集約）します。

最後に、人事考課の運用のカギをにぎっている考課者のレベルアップを図ることが、もっとも重要です。

特に考課者訓練をマネジメント教育として位置づけ、その反復実施が望まれます。

人事考課ルール集

●成績考課のポイント
職務基準に対して、どうであったか遂行度、達成度をみる（やったか、やらなかったかをみる）。仕事の難易度（レベル）は一切考慮に入れない。また、上司や他のだれかが手伝ったとしても、そのことについても問わない。
●能力考課のポイント
等級基準（職能要件）に対して、その到達度、充足度をみる。等級に対応する仕事の遂行状況の観察、分析によって把握する。
●成績考課はつど、能力考課は長い目でみる。
●成績考課は、当該期間の行動を取り上げる。能力考課は、連続性の中でとらえる。
●能力考課は“中間項”をニュートラルな状態にしてみる。
●３つの判断行動（①行動の選択――②要素の選択――③段階の選択）のステップに従って進める。
●職務遂行行動が人事考課の対象となる。
●要素の選択に当たっては、“一つの行動は一つの要素で”とらえる。ただし、“「島」が違えば、二つ以上の要素に結びつけることはかまわない”。
●挑戦したときの成績考課はプラス１する。
●情意考課に「Ｓ」はない（特に規律性については「Ａ」もない）。
●同時事象のでき事の場合、協調性で「Ａ」評価は、責任性が「Ｂ」以上であることが条件（帳消し効果）

検討課題

- 自分がよくおかす人事考課のエラーの傾向について、自己分析してみてください。それに、どのように対応すればよいかについても考えてください。

- ここまで本書を読んで、現状のままでも活用できそうなものを摘出し、とりまとめてみてください。

- 現行の人事考課に対する、改善提案を、あなたなりにとりまとめてみてください。

- 要素の定義や着眼点について、補足、修正、削除、追加すべき事項はないか、検討してみてください。

- 評価と査定の関係は明確かどうかを考えてみてください。

第5章

部下の育成と人事考課

――考課要素ごとの部下育成のポイント――

能力開発型人事考課の特徴は、能力の開発とその有効活用をねらいとするところにあります。

まず、基準に照らして部下一人ひとりの能力を評価し、育成を進める。そして、その能力を存分に発揮させる場や仕事を与え、処遇に結びつける——といった能力の有効活用を図る。まさに人事考課は、職務基準や啓発課題の設定——評価の結果のフィードバックをからめての部下の評価——育成の繰り返しのなかで進められていくのです。ということは育成あっての評価であり、育成こそが究極の目的でもあるのです。

さて、その部下の育成についてでありますが、職務遂行能力の育成ということになれば、仕事の場で、仕事を通じての育成——ＯＪＴが、いちばん適していることはいうまでもありません。

したがって「差」をつけるための人事考課、査定のための人事考課ならいざ知らず、「差をなくす」（期待し求める像に対して差をなくすという意味）絶対考課、能力開発、活用型の人事考課においては、部下のＯＪＴが一つの決め手になります。

ＯＪＴとひと口にいっても、目的によってその方法もいろいろということになりますが、その目的は人事考課の評価（考課）要素ごとにおかれてしかるべきでしょう。

そこでこの章では、各評価要素ごとに、ＯＪＴをどう進め、人材の有効活用に結びつけていけばよいかについて、みなさんと一緒に考えることにしましょう。

1　情意の育成

情意は、規律性、協調性、積極性、責任性などがありましたが、それぞれの意味するところ（定義）に従って、指導する方法が異なることはいうまでもありません。

情意というのは、定義にもあったとおり、その組織の一員としての行動規範、仕事に取り組む態度であり、組織人マインドといったものをいうわけですが、そのような態度や心がまえの領域については、短期間のうちに育むにはなかなか難しい問題があり、むしろ時間をかけて、じっくり育てていくべきものだといえます。人の心構え、態度といったものは、そう簡単には変わらないからです。

それにもかかわらず、あまりにもせっかちに、この態度や心構えの変容を求めるむきがあるようです。しかもそうするあまり、態度や心構えを強要する傾向もあるようです。

しかし、度をすごした強要は、後々まで、部下との感情のしこりや反目を残すこともあるので、よくよく注意することが肝要です。

態度や心構えは、当人の意思により、知らず知らずのうちに、周りの人や環境の影響を受けて形成されるものであり、そのようなことから、むしろ態度や心構えが啓発されるような職場環境を整えることのほうが先決ということも考えられます。

いずれにしても、態度や心構えの育成は一朝一夕でできるものではなく、上司のしんぼう強い指導や、周りの人たちの協力が必要とされるということです。

(1) 規律性の指導

一般的には、他の情意面にもあてはまることですが、日常の職場の中で、繰り返し、上司が模範を示したり、説明したり(話してきかせる)、助言したり、説得したり、場合によってはほめたり、しかったりしながら体得させていくことになります。

① 率先垂範

これはいうなれば、部下にマネをさせるやり方です。

学ぶ(マナブ)は、真似る(マネル)に通ずるとは、よくいわれることですが、このマネル——模倣するという学習方法こそ、人が生まれたそのときから、身につけているものです。生まれて間もない幼児が、親、兄弟のしていることをまねて成長していくことは、知られているとおりです。この人間が、本来身につけている学習方法を、職場でも活用しようということです。

上司がこのことを意識して率先垂範しようとすまいと、部下は模倣の習性から、上司の言動をとおして、見て取ったものを、無意識的にいつの間にかまねるようになるのです。そのところを上司たるものが、しっかり認識しておかなければ、効果的な率先垂範はできません。次にいくつかの率先垂範の方法をあげておきたいと思います。

○与えられた仕事についての批判やグチは差し控える。
○他の仕事との関連を考え、協調を示す。
○他からの批判や忠告は、快く受け入れるようにする。
○つまらないと思うような仕事も、自らこれをやる。
○新しい仕事を受け入れ、また自らも仕事を創り出すようにする。
○計画（P）—実行（D）—評価（C）—改善（A）の実践をする。
○ルールや規則は自ら順守する。

このほかにも、まだまだあろうかとは思いますが、率先垂範とは、これだけはどうしても身につけてもらいたいという態度や心構えについて、上司自らがそのとおり実践してみせることです。

よく職場規律が維持できないとか、職場規律が乱れているといったことを耳にしますが、その原因は、案外上司にあることにも気づく必要があります。

上司の中には、〝自分だけは別格〟とか〝オレは管理職だから〟という意識を働かせ、規則やルールを無視する人がいますが、これは、部下の規律性を啓発することからいえば、好ましいことではありません。

部下の目からみれば、〝言うことと、することが違う〟となるのです。また、〝自分ができないことを押しつける〟ということにもなるのです。

時間にルーズ、約束もしばしば破る上司が、部下に対して、〝時間を守れ、約束を破るな〟といったとしても、部下からみれば、それははなはだこっけいであり、矛盾を感じるものなのです。

このような上司が、なおもうるさく規律がどうのこうのといえば、部下はついていけないということになり、批判的、非支持的な行動に出て、反抗や反感を示すようになります。これではとても、職場の規律維持どころではなくなってしまいます。

よく、〝子をみれば親が分かる〟ということを聞きますが、このことは職場の上司と部下の関係にもあてはまります。つまり部下の勤務態度は、上司の勤務態度の一部が写し出されたものであるということです。

部下としばらく行動をともにし、一緒に仕事をしていても、部下の態度に、あまり変化の兆しが見えないときは、上司自身の態度について自己反省してみる必要があるかも知れません。

そのような上司の考え方、態度なくして、職場内での率先垂範は、うまくいくはずはないということです。

② 助言、提案

規律性を身につけさせるには、日常の職場の中での部下に対する助言、提案といった方法も有効です。ただし、これには前もって組織の一員として期待し求められる行動規範や態度、心構えについて明らかにし、浸透、徹底を図っておくようにしなければなりません。

○助言する場合には、なぜという理由について納得がいくように説明する。

○あくまで事実に即して是々非々で――。

この場合は遅刻をしたのがだれであれ、理由が何であれ、一分でも遅刻は遅刻として、取り上げるようにすべきです。

○〝君はこうすべきだ〟と指示的に言うのではなく〝私は、こうしてもらいたい〟、〝わたしはこのように考える〟といった期待要件として伝えるようにする。

部下には指示的に〝こうしろ〟というよりも、むしろこうしてもらいたいといった提言、あるいは〝わたしは、遅刻しないためにこのようにしている。君も遅刻しない何かよい方法を考えてみては〟といった提案の形をとると、部下の自発性に訴えることになります。

③　ほめる、しかる

〝君がこれをやってくれるので、職場がこんなにきれいになった。みんなも気持ちよく仕事ができるので喜んでいるよ、ありがとう〟。これがほめるやり方です。

ほめるということは、いいことずくめの言葉を並べたてるというよりも、部下の努力に報いる言葉として、上司の気持ちをそのまま率直に伝える言葉であるといえます。部下が努力したことに対して、うれしいと思えばその気持ちを、よかったと思えば、そう思ったままを、率直に言葉として、部下にストレートに伝えればよいのです。〝よかったね〟〝みんなが感謝しているよ〟〝頑張ったかいがあったね〟〝疲れただろう〟といった感謝の気持ち、労をねぎらう思いやりの表現が、部下をほめるということです。ほめるということは、部下の努力を認め、その行動を評価することにほかなりません。

しかし、部下に少しでも努力の跡がみられればともかく、改善への努力がみられない場合には、しかることも考えなければなりません。しかるにしても、ただ感情をむき出しにするのではなく、部下の行動について、それが当人にとって、また、他の人や職場全体にどんなマイナスになっているかを考えさせ、それとなく気づくように話してきかせるといった態度で臨むことが大切です。

注意したり叱責する場合は、上司自身の都合や立場をいうのではなく、部下の人間的成長を心から望んでいるという、部下に対する善意から出たものでなければなりません。

④　説得

説得はいうまでもなく、上司の意見を押しつけたり、部下を意のままにしようとすることではありません。説得は、部下の望ましくない態度を指摘し、改めるべき方向を部下とともに考えることにポイントをおくべきで、決して部下の態度の押しつぶしにかかってはだめだということです。

説得に当たっては、まず部下のどのような態度が望ましくないかを、十分にみきわめたうえで、話し合いによる解決を図るのが賢明です。

特に部下自身が、問題の背景や原因に気づくよう、ヒントや手がかりになる事実を聞かせたり、さらにそれからどうすればよいかについて、部下自身に考えさせるように、上司として援助すると言った接し方が望まれます。

(2) 協調性の指導

協調というのは、二人以上の人々が共通の目標や目的達成のために助け合い、補い合うことですから、まず協調性を育てるには、共通の目的や目標についての理解を深めさせること、および協調のルールについて理解させることが中心になります。特に協調のルールとは、会社の諸規則や、計画、仕事の手順、処理方法、その他のルールの中にあることをしっかり認識させる必要があります。

① 対話による指導

協調性についての必要性、協調性がなければどうなるか、などについて具体的なでき事などを引用して話す。それについて、部下の意見や考えを述べさせる。さらにその積み重ねを繰り返す――といった方法が考えられます。一般的抽象的な言葉で説明するよりも、むしろ具体的なケースや、上司の経験の中から、その必要性を話す、といったほうが、部下には理解しやすいように思われます。

② 会議やミーティングによる指導

職場会議やミーティングの場の討議の中で、お互いに協力し合ったり、助け合ったり、補い合ったり、そして他人の立場に立って物事を見たり考えたりする習慣の積み重ねをします。特に最近では、小集団活動が盛んであり、ミーティング形式の会議がひんぱんに行われるようになっていますが、そのような場を利用して、リーダー、サブ・リーダーといった役割を決め、お互いに役割を遂行する過程で援助し合う、協力し合うといったことの意義や、それらがもたらす効果について体験させるといった方法が考えられます。

〝みんなで力を出し合ってということは、とても素晴らしいことなんだよ〟ということを口をすっぱくして言うよりも、人を援助した経験、人に援助された経験をどんどん積ませたほうが、はるかに効果的といえるでしょう。

(3)　積極性の指導

積極性に欠ける場合についてみますと、

○いまの仕事や、仕事の成果の程度で満足している。
○自分の能力を過信している。
○自分の能力について疑問をもったことがない。
○必要なことは、その必要が起きてから学べばよいと思っている。

○状況の変化に気づいていない。

といった考え方や態度面でのいくつかの問題点が考えられます。このような問題点を取り除き、量的チャレンジ、自己啓発へのインパクトを与えることが、ＯＪＴのポイントの一つになるでしょう。

① 限界状況を体験させる

人は、ギリギリのところへ追い詰められたと感じたときとか、いざという気になったときは、仕事に対し精神を集中し、持てる能力を最大限に発揮することができるようになる、といわれています。このギリギリの状況を限界状況というわけですが、部下の積極性を高める一方法として、部下をあえてこの限界状況に追い込むことが考えられます。例えば、ふだんでは考えられないような仕事の締切り期限を設けたり、困難な課題や問題の解決に当たらせるなどです。

このやり方は、あえて部下にリスクを冒させる方法でもあります。あるときは思い切ってリスクを冒させることが部下の成長に良薬となることもあります。

② 対話（面接）

この対話（面接）は、ＯＪＴの一環として定常的に行うものです。この対話のねらいは、

上司と部下のふだんの話し合いの中で、部下の積極性を啓発するために、意図的に行うものです。対話の内容としては、

○上司の経験、その他先輩社員の経験。
○部下の抱えている悩み、不平不満。
○いままでの努力、今後の努力目標。
○今の仕事の予測される成果。
○今の仕事や職場の問題点。
○部下の興味、関心事。
○将来の希望や抱負　など。

なお、この種の対話の際には、必ず部下の努力を認め、励ましの言葉の一つもかけてやることが大切です。

③　自己啓発の援助

自己啓発の方法の中心は、読書や通信教育の受講が占めているようです。この読書と通信教育については、のちほど触れることとし、ここでは、社内外の講習会、研修会参加に関してふれるにとどめますが……。

○参加する前に、上司として期待するところをはっきり伝えておく。
○事前に予備知識を与える必要のあるものについては与える。また資料等準備する時間は十分に与える。
○参加する当日は、気持ちよく送り出してやる。励ましてやる。
○数日間にわたり参加する場合は、途中、励ましの電話や、電報を打つ。
○受講を終えて帰ってきたら、直ちにその労をねぎらい、受講についての報告をさせる。感想、意見なども聞く。
○受講した内容につき、今後仕事の面でどのように活用していくかについて話し合う。場合によっては、職場内で受講した内容を発表させる。——など

部下が、講習会や研修会に参加するについては、上司が多大な関心を示してやることが特に大切です。上司の関心度が高ければ、その後の部下の自己啓発意欲に、必ず良い影響を及ぼすはずです。

(4) 責任性の指導

責任性は部下の守備範囲のことを問うわけですから、その守備範囲のことを明確化もしくは明示し、それを相互にしっかり確認しておくという姿勢があってこそ、初めて部下の

責任性について、触れることができるということです。目標面接もやらずに、守備範囲もはっきりさせないで、自分の方針も示さず、ただいたずらに部下に走れ走れといっても効き目はありません。責任性を高めるには、まず、

○会社、部門、職場の達成すべき目標や達成のための条件について部下と共有し、それへの理解と、十分な認識の確立を図っておく。

○各人の分担すべき仕事の内容、すなわち職務基準について、明確化し確認しておく。さらにそれと関連し、啓発課題や能力開発の必要点（目標）についても確認しておく。

○関係する人々（上司、同僚など）の方針、目標や計画、仕事の分担などについても徹底を図っておく。

○さらに会社を取り巻く環境、部門のおかれている状況、その他についての情報などを徹底しておく。

といった前提を作っておくことが不可欠です。そのうえで指導に臨むということになりますが、その方法としては

①　示範する

これは、規律性のところで述べた率先垂範と同じやり方ということになりますが、まず上司自身が、あらゆる機会をとらえて、意識的に、人事考課の着眼点（責任性の項）にあるような行動をとることです。また上司自身も、またその上司からみれば部下という立場にあるわけですから、部下という立場での行動を、自分の部下に対してやってみせるということになります。もちろんこの示範は一時的とか、気が向いたときにやるといったことでは、効果が望めないことはいうまでもありません。

もしこのような示範の場で、上司がさらにその上司に対し、責任転嫁や言い逃れ、言いわけばかりをしていたとしたら、部下もあなたに対して、同じような行動をとるということになるでしょう。

② 助言

これは、具体的に責任性に欠けるところを指摘し、それに対し助言する方法です。進め方としては、まず、責任性に欠けるところを〝着眼点〟に照らして把握したうえで、当人の考えや行動の及ぼす影響について考えさせる。場合によってはその影響について、ズバリ指摘することも必要でしょうが、助言は規律性のところでも触れたように、部下を批判したり非難することではありませんので、あくまで部下と話し合う、一緒に考える、相談にのるといった姿勢が望ましいことはいうまでもありません。

③　課題研究

部下が興味関心をもっているようなことについて調べさせたり、とりまとめさせたりすることです。これは、直接仕事に関係することであれば申し分ないということになりますが、今の仕事にそれほど関係はなくても、責任性を育てるという観点から、意図的にやらせるということも、それなりの効果があろうかと思います。

責任性を涵養するには、仕事に対する満足感、達成感は不可欠です。それがあるからこそ、〝よし、やろう〟ということになるのであり、多少の困難や障害にもめげず、やり抜こうとするようになるのです。それゆえ、部下の責任感を高めるためには、上司として仕事の達成感をいかに味あわせるかが一つの大きな決め手になることを、心得ておかなければなりません。先月も売上目標が達成できませんでした、今月もできませんでした、いつもダメでしたの状態の中からは、責任性は育ちません。責任性は上司の仕事の与え方いかんにかかっているのです。

2 基本的能力の育成

能力については「基本的能力」と「習熟能力」に分けて考えることにします。

(1) 知識を習得させる方法

知識を習得させるには、種々その方法が考えられます。その中から、どれが特定の知識の習得に役立つかを、よく考えて実施すべきです。

① 修得要件の検討と習得方法の決定

職能マニュアルの修得要件は、習得すべき知識や技能の内容について、習得すべき手段・方法——読むべき図書、受けるべき研修、取得すべき資格、免許など——について、具体的に書き出されているはずですから、習得すべき内容イコール手段として、即実行可能ということになります。書き出されたままを習得方法とすればよろしいわけです。

そこで部下の仕事の分担内容とにらみ合わせて、いつ、どの図書や通信教育の受講、研修会などに参加させるかについて部下と話し合って方法を決めます。

② 読書指導

職場の中で知識を習得していく方法として、読書は手っ取り早く、しかも効果的な方法の一つです。

あらかじめ修得要件に示されている、読むべき本からそれを選び出し、次のような指導方法をとります。

○読書指導の計画を立て、読書をさせる。

◦読書指導の内容を理解させる

◦まず、読書をさせるに当たり、その図書から習得してほしい事柄を話し、理解させる

○部下のレベルに応じて、読書量、読書日程を決める。

◦途中、時々確かめる

○読書が終わったあと、図書の内容を要約して報告させる。または、レポート提出させる。

○参考になった内容などを述べさせる。

○著者の考え方についての所見を述べさせる。

◦その図書の内容について、部下と話し合う

○読書させるに当たっては――。
。ノートやメモする要領を教える
。内容を報告させたとき、内容について話し合ったとき、必要があれば助言する
○読書結果の評価。
。部下の習得の程度を確かめる
。習得すべき知識について正しく理解しているか
。内容の分析、総合、整理などは十分か
。内容の取り違えはないか
。仕事との関連づけはなされているか
なお、読むべき本については、会社の図書推せん制度、斡旋制度があれば、これらをうまく活用するようにしむけます。

③ 通信教育の受講指導

通信教育も、知識習得手段としては、図書と双璧をなすものといっていいでしょう。通信教育についても、会社に受講制度があるのならば、それを極力利用させるようにします。

なお、通信教育は、自学自習によるものだけに、受講には相当の忍耐が求められます。その点を考慮に入れて、上司としての関心を示したり、フォローアップに心掛けることが必要です。

○受講に当たっては、必要に応じて助言を与える。
○受講期間中は受講の状況を時々確かめる。
○課題提出や、レポート作成について、部下が困っているようであれば、相談にのってやる。
○課題の内容によっては、社内の専門スタッフに相談にのってもらえるよう便宜を取り計らう。
○スクーリングに参加するときは、仕事に支障のないように取り計らってやる。
○終了したときは労をねぎらう。そして学んだことの活用方法について、ともに考え話し合う。
○自発的に部下が受講していることが分かったときも、大いに励ましてやる。

④　説明する（話す）

部下の知識習得を援助する方法として、上司自身が知っていることを説明したり、話してやることも効果的な方法といえましょう。

そこで上司自らが説明したり、話したりする場合には、あらかじめ話す順序を、導入――本論――まとめの順に整理する。
○部下の興味、関心、能力のレベル等を考えて話す要点を考える。
○時間、場所を考えて、話す内容を検討して決める。
○話す計画を立てる（レッスンプラン）。
・導入で何を話すか
・本論では何を話すか。どんな引例をするか。どんな資料を用意するか
・まとめはどのようにするか
○話すときは次に注意する。
・はっきり分かるように話す
・分かりやすい言葉で
・相手のレベルに応じた話し方をする
(2) **技能を習得させる方法**
これについても種々方法が考えられますが、その中からいくつか選んでみたいと思いま

す。

①　示範（やってみせる）

上司自身が正しいやり方を示す方法です。この場合、留意すべきことは、上司が正しい方法を示すことです。

上司が間違えたのではさまになりません。〝作業指示書〟などに従って、正しく教えられるようにしなければなりません。

②　〝教え方〟の四段階法の活用

ＴＷＩ「仕事の教え方」による指導です。

ＴＷＩについては、説明するまでもありませんが、次のステップよりなります。

第一段階　習う準備をさせる

気楽にさせる

何の作業をやるかを話す

その作業について知っている程度を確かめる

作業を覚えたい気持ちにさせる

正しい位置につかせる

第二段階　作業を説明する
主なステップを一つずつ言って聞かせ、やって見せ、書いてみせる
急所を強調する
はっきりと、ぬかりなく、根気よく、理解する能力以上に強いない
第三段階　やらせてみる
やらせてみて間違いを直す
やらせながら作業を説明させる
もう一度やらせながら急所を言わせる
分かったと分かるまで確かめる
第四段階　教えた後をみる
仕事につかせる
分らぬときに聞く人を決めておく
たびたび調べる
質問をするようにしむける
少しづつ指導を減らしていく

③　間違いの直し方

仕事を正しく覚えていたとしても、〝慣れ〟によって間違えることもあり、また部下が知らないうちに間違ったやり方をしていることもあります。

しかし、それをそのまま見すごすことは、失敗によるロスの発生、事故の原因になったり、職場全体の士気に悪影響をもたらすことも十分に考えられます。したがって間違いは早期発見、早期対応が望まれます。間違いを直したり注意するところは、基準に照らしてまずい点をはっきりつかむのがポイントになります。

○間違いの影響を考えてとるべき処置を決める。

- 注意するか直すか、放置しても支障がなければそのままにする
- 原因や理由を究明する
- 間違いを直すときは「示範」や「仕事の教え方」を活用する
- 注意するときは、事実をハッキリ指摘する。ただし部下の言い分は十分聞いてやる

3 習熟能力の育成

⑴「判断力」の育成方法

判断力とは、位置づけ能力の理解力——判断力——決断力と高まる習熟能力であり、問題解決の前段能力です。上司自身が、比較的身近に取り組める方法として、次のようなものがあります。

① 特別な課題や仕事の割り当て

特別な課題、仕事の改善方法、問題の処理を考えさせたり、提案させたりします。これによって部下の情報収集、分析の仕方の適否を調べ、指導します。

○部下の能力や経験を加味して課題などを選ぶ。
○それを与える理由について十分説明する、その際に必要な助言を与える。
○関連する情報やデータはみな与える。または収集させたり、調べさせる。
○必要な権限を与える。その旨を関係する人々に知らせておく。
○期待基準（〝いつまでに〟）について説明し、確認する。併せて報告の仕方についても決めておく。

○必要に応じて中途でのチェックや観察を試みる。また部下に説明（報告）させ、それに対して助言などの指導を行う。

○その課題を達成したとき、ともに成果について検討し、労をねぎらったり、助言指導をする。

○部下の成果を実現するよう取り計らう。上司の判断で実行できるものについては、即実行する。

○部下の向上の程度において、課題や仕事のレベルを上げる。

② 問題解決の援助

職場で発生した問題解決の援助

○常に問題意識の啓発をする。周りの状況を見る目をもつよう指導する。

○情報の収集の仕方を指導したり、収集するための手がかりを与えたりする。

○部下のレベルに応じて、どの程度の援助をするかを決める。

○ときたま部下に体験したことを言わせ、励ましたり、助言を与えたりする。

○職制会議、プロジェクト・チーム、小集団活動等に積極的に参加させる。

(2) 企画力の育成方法

企画力とは、工夫力――企画力――開発力と高まる習熟能力で問題解決の後段能力です。これは収集した情報を組み合わせたり、合成したりして、ある一つのものをとりまとめる能力です。この企画力の日常的な育成方法には、次のようなものがあります。

① 質問する（聞いてみる）

部下は上司の質問に答えることによって、自分のもっている情報や考えを整理することができます。また答えることによって、自分の情報不足に気づいたりするものです。

○「イエス」「ノー」で答えられるような尋ね方をしない。

○角度を変え、観点を変えて尋ねる。

○部下が答えるときは、もっぱら聞き役にまわる。上司としての意見は極力差し控える。

○5W1Hによって〝なぜ〟〝どのように〟を具体的に考えさせ、答えさせるようにする。

○部下に何が足りないのか。どこがまずいのかを考えさせるような尋ね方をする。

② 提案、意見具申をさせる

○平素から提案や意見具申を奨励し、喜んで聴取するようにする。
○提案や意見具申の仕方を常日頃から指導しておく。
○部下の提案や具申には、必ず上司としてのコメントをする。
○提案や意見具申については、その効果、実現可能性を検討し、上申手続きをとる、実行を指示する、といった処置をする。処置の結果は必ず部下に知らせる。

(3)　折衝力の育成方法

折衝力とは、表現力――折衝力――渉外力と高まる習熟能力で対人対応能力です。これは人と人とのかかわり合いの能力であり、複雑な人間関係をうまく調整していくために必要なものです。

①　折衝力を向上させるための条件

これを職場で育むには、次のような前提条件が必要とされます。

○会社、部門の方針、目標、計画等の理解
○自分や折衝相手の立場、役割の理解
○折衝の調整のためのルールの理解
○コミュニケーション・テクニックの習得（特に〝聞く〟能力）

○責任感の自覚　など

② 会議での指導

職場会議、小集団活動のリーダーに任命し、議題のとりまとめ、会議の準備、会議のリーディング、会議のとりまとめなどを体験させることです。

そしてその結果を振り返り、リーダーとしての問題点を考えさせたり、反省するきっかけを与えるようにします。

③ 代行させる

これは、上司の仕事の一部を代行させ、部外と折衝に当たらせるやり方です。

この代行のさせ方は、次の項と併せて考えることにします。

(4) **指導力の育成方法**

指導力とは指導力—管理統率力と高まる習熟能力で、対人対応能力です。

① グループ活動の積極的な活用

折衝力の項で取り上げた会議や小集団活動は、指導力を育成する機会にも通じます。指導力を高めるには、会議や小集団活動のリーダーに任命することは有効な方法です。

② 代行のさせ方

これは、実際に指導する体験を積む方法です。この代行のさせ方には、次のようなものがあります。

○一部を代行させる。

例えば、職制会議に出席させる。計画を作成させる。調査に当たらせるなど。

○不在時の代行

これは上司の不在時に、すべて代行させるやり方。

以上、職場で日常的に、部下を指導する方法のいくつかについて申し述べましたが、このような指導の機会は、部下の育成もさることながら、能力の到達度を観察したり、把握する絶好の機会でもあります。指導と評価は、ウラハラの関係でもあるのです。

第5章のまとめ

人事考課は、育成——評価——育成の繰り返しであり、なかんずく、OJTの占めるウエートは大きいといわなければなりません。

部下の育成については、各評価要素ごとに効果的な指導方法をとるべきです。

まず、情意における規律性の指導方法としては、率先垂範、助言、ほめる・しかる、説得といった方法、協調性については、話し合い（対話）による指導。会議や小集団活動の場を活かした育成方法。積極性については、リスクテーキング。話し合い（対話）による指導。自己啓発の援助などがあり、責任性については、責任性を涵養する土壌づくりをしっかりしたうえで、上司自らの示範、助言、課題研究による指導を行うことが効果的と考えられます。

基本的能力の知識を習得させる方法としては、職能マニュアルの修得要件に着目し、そのうえで、読書、通信教育の受講といった指導方法をとることになります。また上司自らが、知識に関する指導を行うことも考えられます。技能を習得させる方法には、上司自らの示範、さらにはＴＷＩ「仕事の教え方」四段階法といったものがあり、これらは慣れさえすれば、上司自らが積極的に活用できる方法といえます。

次に、習熟能力である判断力の育成方法としては、特別な課題や仕事を与える方法、問題解決の援助があり、企画力の育成方法としては、提案、意見具申、質問活用法。折衝力については、折衝力を啓発するような条件を整えたうえで、職場会議や小集団活動の場を活用する方法。指導力の育成については、上司の仕事を代行させる方法などが効果的です。

本章では、上司として比較的取り組みやすい方法のいくつかを取り上げましたが、ある一つの指導方法が、いくつかの要素にまたがって効果的であることを知るべきです。

第6章

考課者に求められる条件

それでは、人事考課を行う人にいったいどんな条件が求められるか。どんな条件を身につけなければならないかについて簡潔に考えることにします。これから述べることが、まさしく考課者に求められる期待像ということになるわけです。

(1) 分析的、総合的なものの見方ができること

この分析的、総合的なものの見方は、人事考課の三つの判断行動に欠かすことはできません。

人事考課は、部下の一連の職務遂行行動をとらえていくわけですが、その場合、行動の因果的な関係（結果と原因）について把握できる分析力や、さらにその分析を通して、総合評価できるだけの総合力が求められるわけです。つまり森をみることもできるし、その中の樹、一本一本についてもみることができる眼力が求められるわけです。

(2) 人をみる目を備えていること

人をみる目とは、複雑な人間行動について理解できる、ということでもあります。人間行動の図式といったものをよく知り、よく理解してこそ、初めて人をみることができるのです。

それには次のようなものがあります。

○人の行動は、その人の習熟（経験）の程度や、おかれている立場、条件によって違ってきます。

すなわち、一見して、A、B二人の部下がたまたま同じような行動をとったとしても、二人の経験の深まりの程度（Aは営業経験一〇年のベテラン、Bは営業経験二年の新人）が違ったり、立場（Aは大型小売店担当、Bは小型小売店担当）が違えば、同一視することはできません。この場合、より細かく二人の行動を分析してみる必要があるわけです。

○人は、ある一つの刺激に対して固定化した反応を示しません。

例えば、〝今日仕事をし残してさっさと帰ってしまった。先週も仮病を使って帰ったことがある。今日もまた仮病を使った〟これが固定化したとらえ方です。このような見方しかできない考課者であっては困ります。先月に引き続き、今月も不振であった場合、先月と同じ原因で、今月も不振であったかどうか、軽々しく判断はできません。その背後には、それぞれ違った要因が働いているかもしれないのです。

(3)　**人事考課制度、および運用に関する知識を十分に備えていること**

正しい考課を行うためには、少なくとも次のことをよく知り、理解しておかなければなりません。

○トップの人事ポリシー、経営理念、経営方針など。
○企業の人事管理制度、人事考課に関する規程（ルール）の内容。
○人事考課のねらい、仕組み、要素とその定義、着眼点、実施上のルールなど。また、人事考課のエラーとその排除の仕方など。
○人事考課と他の諸制度との関連、結果の活用等について。
○正しい考課を実施するための条件などについて。
。主観やイメージに左右されない考課、人事考課は好悪感情のレベルの問題でなく、知的レベルの問題です。
。事実に基づく考課、ファクト・ファインディング——行動の観察と分析がすべて
。意図的に行う人事考課
人事考課表を配られて、慌てるような考課者では失格です。人事考課は日常の連続性、積み重ねのなかで行うもの。

(4) **職場の事情に精通していること**

考課者は職場の情報通であってほしいものです。〃××課のことなら、あの人に聞けばなんでも教えてくれるよ〃——これが職場の情報通といわれる人のことです。

(5)　仕事に精通し、部下よりも能力的に優れていること

まず、仕事に精通していなければ、個々の部下に応じて、適正に職務基準を設定していくことはできません。

さらに部下より能力的に優れていることが、能力考課ができる条件です。部下と上司との能力差があればあるほど、的確に能力考課を行うことができます。

(6)　よいきき手であること

人事考課は、職務基準の設定という話し合いに始まり、フィードバックと事態の改善のための話し合いに終わります。話し合いに始まり、その間にあって、終始よいきき手で、話し合いに臨むことが求められます。

基本的には、部下を個人として認め、部下を尊重し、部下を受け入れようとする態度こそ、よいきき手の条件です。

よい考課者となるためには、以上の条件を備えることが求められるわけですが、これらの条件を一つひとつ身につけていくには、考課者自身の不断の努力があってのことだと思います。人が人を評価する人事考課において、考課者の職責の重みを、あらためてかみしめる必要があります。

第6章のまとめ

考課者に期待し求められるものには次のようなものがあります。その一つひとつについて、身につける不断の努力が求められます。

① 分析的、総合的なものの見方ができること
② 人をみる目を備えていること
③ 人事考課制度、および運用に関する知識を十分に備えていること
④ 職場の事情に精通していること
⑤ 仕事に精通し、部下よりも能力的に優れていること
⑥ よいきき手であること―など

初めから優れた考課者はいません。考課者は、作られるものです。それも考課者自身のたゆまぬ努力によってです。

組織は人間成長の場でもあります。組織活動の原点は事業活動であって、人間の優劣を競う場ではないはずです。評価は人の成長を望むから行うものです。

〈著者略歴〉
野　原　　茂（のはら　しげる）
日本賃金研究センター主席アドバイザー
昭和17年、長崎県生まれ。
企業の実務家時代から楠田丘氏に師事し、昭和57年、現職に転じてからは楠田理論の普及に努め今日に至る。人事・賃金・教育などの幅広い分野で活躍中。中小企業大学校講師（人事賃金管理担当）
著書：経営書院『新・能力主義賃金』『役割評価の手引き』『人材評価着眼点シート』『目標・育成面接ハンドブック』『部下のやる気を高める目標の決め方』、共著として日本労働研究会『監督管理用語の基礎知識』。

改訂４版　人事考課ハンドブック

1985年10月16日　第１版第１刷発行
1989年６月28日　第２版第１刷発行
1992年１月22日　第３版第１刷発行
2008年５月２日　第４版第１刷発行
2022年４月27日　第４版第４刷発行

定価はカバーに表示してあります。

著　者　野　原　　茂
発行者　平　　盛　之

発行所　㈱産労総合研究所
出版部　経営書院

〒100-0014　東京都千代田区永田町1-11-1 三宅坂ビル
電話　03－5860－9799　振替00180－０－11361

乱丁・乱丁本はお取り替えいたします。印刷・製本　藤原印刷株式会社

ISBN 978-4-86326-016-0 C2034